SCHÜLER DUDEN

ÜBUNGSBÜCHER

Übungen zur deutschen Sprache II

Übungen zum Wortschatz

von Heidrun Müller

DUDENVERLAG
Mannheim·Leipzig·Wien·Zürich

CIP-Titelaufnahme der Deutschen Bibliothek
Übungen zur deutschen Sprache.
Mannheim; Wien; Zürich: Dudenverl.
Bd. 1 im Verl. Bibliogr. Inst., Mannheim, Wien, Zürich
2. Übungen zum Wortschatz/von Heidrun Müller. – 1988
(Schülerduden-Übungsbücher)
ISBN 3-411-01363-X
NE: Müller, Heidrun [Mitverf.]; GT

Das Wort DUDEN ist für Bücher aller Art für den Verlag
Bibliographisches Institut & F. A. Brockhaus AG
als Warenzeichen geschützt.

Alle Rechte vorbehalten
Nachdruck, auch auszugsweise, verboten
© Bibliographisches Institut & F. A. Brockhaus AG,
Mannheim 1988
Druck: RK-Offsetdruck GmbH, Speyer
Bindearbeit: Progressdruck GmbH, Speyer
Printed in Germany
ISBN 3-411-01363-X

VORWORT

Wortschatz findet sich gewöhnlich in Wörterbüchern und in Wortschatzdarstellungen. Hier kann man den Wortschatz nachlesen und nachschlagen, jedoch nicht üben. Mit dem vorliegenden Buch soll nun die Gelegenheit geboten werden, eine repräsentative und zugleich modellhafte Auswahl von Wörtern und Begriffen in Übungen praktisch anzuwenden. Die Übungen dienen einerseits der Wortschatzerweiterung, sie können andererseits aber auch dazu beitragen, Einblicke in die Sprache – in Wortbildung, Wortgebrauch und Wortbedeutung – zu geben.

Zielgruppe des Buches sind Schüler in Hauptschule und Gymnasium sowie fortgeschrittene Deutschlerner in der Volkshochschule, dem Goethe-Institut, den Carl-Duisberg-Centren und anderen Sprachinstituten sowie an der Universität. Im Sinne eines "lebenslangen Lernprozesses" sind jedoch keine Altersgrenzen gesetzt, wie Erprobungen gezeigt haben.

Das Buch ist aufgeteilt in sechs Großkapitel. Die Worterklärungen entstammen im allgemeinen dem 6bändigen "Duden – Wörterbuch der deutschen Sprache" sowie dem "Duden – Deutsches Universalwörterbuch". Da das Buch besonders für Schüler gedacht ist, wurden oft zur Bezeichnung bestimmter sprachlicher Erscheinungen deutsche Wörter gewählt. Im Registerteil sind auch die lateinischen Ausdrücke aufgeführt. Durch einen umfangreichen Lösungsteil, der auch Worterklärungen und Beispiele zum Wortgebrauch enthält, ist dieses Buch zum Selbststudium geeignet. Die Lösungen sind oft assoziativ und zeigen jeweils typische Zuordnungen. Durch die Art der Übungsanweisungen sowie den Lösungsteil werden die Benutzer zu autonomem Lernen geführt. Aber ebenso ist eine Benutzung in [Klein]gruppen, mit Freunden und in der Klasse (als Zusatzmaterial) möglich.

Im Vorwort wurden auch die weiblichen Formen verwendet, in den Übungen finden sich jedoch oft nur die männlichen. Damit sind natürlich auch alle Benutzerinnen angesprochen. Aber da ein bestimmter Umfang für das Buch vorgegeben war und dem Inhalt mehr Bedeutung beigemessen werden sollte als den Formalien, wurde diese Lösung gewählt.

Dieses Buch entstand in enger Zusammenarbeit mit Herrn Dr. Wolfgang Müller, dem an dieser Stelle ganz herzlich gedankt sein soll für die Fülle von Wortmaterial und Beispielen, die er zur Verfügung gestellt hat, sowie für die Hilfe bei der Auswahl der Beispiele und die kritische Durchsicht des Manuskripts. Für zahlreiche Anregungen zu amüsanten Wortspielereien danke ich Herrn Wolfgang Hess. Das Computermanuskript wurde von Herrn Dr. Klaus-Rainer Müller erstellt, dem ich für die sorgfältige und kritische Bearbeitung danken möchte. Die Illustrationen wurden von Herrn Joachim Schmidt ausgeführt, dem ich für die überzeugende und humorvolle Gestaltung und Umsetzung meiner Bildvorschläge danke.

Liebe Schülerin, lieber Schüler, liebe Benutzerin, lieber Benutzer, vielleicht wunderst du dich, in diesem Buch mit „du" angesprochen zu werden. Ich habe mich dazu entschlossen, weil ich meine, daß so ein besserer Kontakt und ein besserer Dialog zwischen dir als Benutzerin oder als Benutzer und mir als Autorin möglich ist. Ich habe auch versucht, die Übungshinweise so zu gestalten, daß du dich angesprochen fühlst und das Gelernte sofort auf deine persönliche Situation übertragen kannst. Die Übungen sollen dir Spaß machen, du sollst dich nicht unter Druck gesetzt fühlen. Auf diese Weise lernst du nämlich viel mehr. Deswegen gibt es in diesem Buch auch viele Rätsel, Scherzfragen und Wortspiele. Wenn du möchtest, kannst du die jeweilige Übung lösen, aber du mußt es nicht. Wenn dir eine Übung nicht gefällt oder zu schwer ist, dann laß sie einfach aus. Dieses Buch ist ja nicht geschrieben für Leute, die schon alles wissen, sondern für die, die etwas lernen wollen. Und das kannst du auch, indem du eine Lösung, die du nicht findest, nachliest. Wenn du also etwas nicht selbst herausfindest, dann schlage es im Lösungsteil nach. Die Lösungen sind dazu da, daß du deine eigenen Lösungen mit ihnen vergleichst oder die Antwort erfährst, wenn du sie selbst nicht gefunden hast.
Die Übungen sind so gestaltet, daß du sie für dich allein durcharbeiten kannst; wenn du aber nicht so gerne allein arbeitest, dann kannst du sie auch zusammen mit Freunden bearbeiten. Im Kapitel "Präpositionen" kannst du zum Beispiel mit Freunden zusammen die „sie"/„er"-Formen durch Namen aus deinem Bekanntenkreis ersetzen.

Wenn du nun mit dem Buch arbeiten willst, dann nimm gleich einen Bleistift zur Hand, aber auch einen Radiergummi für den Fall, daß einmal nicht alles richtig ist und du etwas verbessern willst. Manchmal gibt es übrigens noch mehr Lösungsmöglichkeiten, als im Lösungsteil angegeben sind. Es kann also sein, daß du noch andere Möglichkeiten findest, die auch richtig sind und an die ich nicht gedacht habe. In diesem Fall fragst du am besten deine Eltern oder deine Lehrerin bzw. deinen Lehrer, um zu erfahren, ob deine Antwort auch richtig ist.

Und noch etwas ganz Wichtiges: Ich hatte beim Schreiben dieses Buches viel Spaß, und ich möchte, daß dir die Übungen auch Spaß machen. Ich würde mich sehr freuen, wenn das gelingen würde.

Also auf alle Fälle: kein Lern- und Lösungsstreß!

So, nun geh einmal auf sprachliche Entdeckungsreise, und schau, was du findest und was dir gefällt. Und wenn du willst, dann schreib mir, was dir gut gefällt und was dir nicht so gut gefällt. Ich kann dann auch etwas von dir lernen, und das hilft mir bei einer Überarbeitung oder bei der Erstellung anderer Übungen.

Und nun viel Vergnügen und Entdeckerfreude!

Liebe Kolleginnen, liebe Kollegen,
die Übungen in dem vorliegenden Buch sind so konzipiert und zusammengestellt, daß die Übungsformen zum Übungsinhalt passen und so ein optimaler Lernerfolg erzielt wird. Neben Lückenübungen, die sich besonders im Kapitel „Präpositionen" anbieten, gibt es sehr viele übersichtliche Tabellen, in die der Lernende hineinschreiben oder wo er etwas ankreuzen kann.

Zur Lernmotivation schließen sich oft Rätsel oder Scherzfragen an die Übungen an.

Im Sinne eines besseren Kontakts zwischen Autor und Leser/Lerner wurde versucht, die Übungsanweisungen benutzerorientiert zu formulieren, z.B. in Form von weiterführenden Fragen, die das Gelernte auf die Situation des Lernenden übertragen. Wenn Satzbeispiele angegeben sind, wurde im allgemeinen „sie"/„er" zur Kennzeichnung der handelnden Person verwendet.

Diese Formen sollten bei der Arbeit in der Klasse durch bekannte Namen ersetzt werden, also beispielsweise durch Namen aus der Klasse, um so die Motivation zu erhöhen. Es könnten auch für den Gebrauch in der Klasse Folien angefertigt werden, in denen die „sie"/„er"-Formen ausgelöscht sind.

Da sich das Buch in erster Linie an Deutsche wendet, werden bei manchen Beispielen landeskundliche Kenntnisse vorausgesetzt, z.B. wenn ein Tier zu raten ist, das man gebraten zu Weihnachten ißt.

Wenn Sie mit einer Gruppe, die Deutsch als Fremdsprache lernt, eine entsprechende Übung machen, sollten Sie aus psychologischen Gründen einen solchen Begriff nicht raten lassen, sondern ihn erklären.

Es wurde auch versucht, Lern- und Arbeitstechniken zu vermitteln, so zum Beispiel das Ausfüllen von Tabellen oder die Benutzung des Wörterbuchs. Im Rahmen des vorgegebenen Umfangs konnte natürlich nur ein kleiner Ausschnitt des gebräuchlichen Wortschatzes in Übungen umgesetzt werden. Die Übungen sind daher auch als Anregung gedacht, zu hier nicht vorhandenen Wörtern eigene Übungen zu entwerfen. Weitere Hinweise zum Gebrauch finden Sie im Vorwort für die Schüler. Es würde mich interessieren, welche Erfahrungen Sie bei der Arbeit mit diesem Buch gemacht haben. Über Anregungen zur Weiterentwicklung würde ich mich sehr freuen.

Und nun wünsche ich Ihnen und Ihren Schülern viel Freude und Erfolg im Umgang mit diesem Buch!

Frankfurt, den 1. September 1988   Heidrun Müller

INHALT

Teil I: Übungen

Kapitel I: Sinnähnliche Wörter 13
Kapitel II: Gegenwörter 45
Kapitel III: Präpositionen 75
Kapitel IV: Wortbildung 89
           IV.0: Wortbildungselemente 91
           IV.1: Wortbildung mit Vorsilben und
                Halbpräfixen 92
           IV.2: Wortbildung mit Nachsilben und
                Halbsuffixen 120
           IV.3: Ableitung aus Adjektiven 133
           IV.4: Singular-/Pluralsuffixe 135
Kapitel V: Wörter und ihre Verbindungen 141
           V.1: Begriffe, die zusammengehören . . . 143
           V.2: Wörter, die zusammengehören 170
           V.3: Zusammengesetzte Wörter 177
Kapitel VI: Wörter und ihre Bedeutungen 193
           VI.1: Wörter mit unterschiedlichen
                Bedeutungen 195
           VI.2: Wörter, die gleich klingen 207
           VI.3: Leicht verwechselbare Wörter . . . 208
           VI.4: In übertragener Bedeutung gebrauchte
                Wörter 221
           VI.5: Phraseologismen 228

Teil II: Lösungen

Kapitel I: Sinnähnliche Wörter 233
Kapitel II: Gegenwörter 243
Kapitel III: Präpositionen 250
Kapitel IV: Wortbildung
           IV.0: Wortbildungselemente 253

        IV.1: Wortbildung mit Vorsilben und
             Halbpräfixen 254
        IV.2: Wortbildung mit Nachsilben und
             Halbsuffixen 260
        IV.3: Ableitung aus Adjektiven 265
        IV.4: Singular-/Pluralsuffixe 266

Kapitel V: Wörter und ihre Verbindungen
        V.1: Begriffe, die zusammengehören 267
        V.2: Wörter, die zusammengehören 273
        V.3: Zusammengesetzte Wörter 274

Kapitel VI: Wörter und ihre Bedeutungen
        VI.1: Wörter mit unterschiedlichen
             Bedeutungen 279
        VI.2: Wörter, die gleich klingen 282
        VI.3: Leicht verwechselbare Wörter . . . 283
        VI.4: In übertragener Bedeutung gebrauchte
             Wörter 288
        VI.5: Phraseologismen 290

Literaturverzeichnis 293
Register 295

Teil I: Übungen

Kapitel I
Sinnähnliche Wörter

I. Sinnähnliche Wörter

Übung 1

a) Welche der folgenden Substantive passen nicht in die jeweilige Reihe?

1. Experte - Fachmann - Spezi - Spezialist
2. Appartement - Studio - Wohnung
3. Bar - Kneipe - Theke - Tresen
4. Abendschule - Baumschule - Hochschule - Volkshochschule
5. Nachthemd - Schlafanzug - Schlafmütze - Zipfelmütze

b) Setze nun bitte die oben genannten Wörter in die Sätze ein.

1. "Experte", "Fachmann", "Spezi" oder "Spezialist"?
   a) Bei dieser Krankheit sollte man unbedingt einen _____ zu Rate ziehen.
   b) Mein Auto lasse ich immer nur vom _____ reparieren.
   c) Das ist mein _____.
   d) Das Gutachten sollte von einem _____ erstellt werden.

2. "Appartement", "Studio" oder "Wohnung"?
   a) Er bewohnt ein(e) 1-Zimmer-_____.
   b) Sein(e) _____ besteht aus sechs Zimmern, einer Küche und zwei Bädern.
   c) Er arbeitet in einem/einer _____.

3. "Bar", "Kneipe", "Theke" oder "Tresen"?
   a) Freitags geht er immer in _____.
   b) _____ findet man immer einen Gesprächspartner.
   c) Sie können schon mal _____ einen Drink nehmen.

4. "Abendschule", "Baumschule", "Hochschule" oder "Volkshochschule"?
   a) Der Gärtner kümmert sich um die _____.
   b) Er wollte immer schon an die Universität und hat nun endlich eine Stelle an einer _____ gefunden.
   c) Um sich weiterzubilden, kann man eine _____ besuchen.

d) An der _____ gibt es viele verschiedene Sprachkurse für Anfänger und Fortgeschrittene.
5. "Nachthemd", "Schlafanzug", "Schlafmütze" oder "Zipfelmütze"?
   a) Er schläft immer ohne _____.
   b) Sie trägt immer _____.
   c) Früher trugen viele Männer zum Schlafen _____.
   d) Der paßt nie auf. Der ist ein(e) richtig(e) _____.

Übung 2

Ort/Platz/Stelle

Welches Wort paßt?

1. Leg das bitte wieder an seine(n) angestammte(n) _____!
2. Vor dem Schloß ist ein(e) große(r) _____.
3. An dieser/diesem _____ geschah der Unfall.
4. Jede Woche geht er auf die/den Fußball_____.
5. Den Ausweis bekommen Sie bei dem/der Paß_____.
6. Ich muß erst einmal _____ schaffen.
7. Er arbeitet auf der/dem Bau_____.
8. Sie möchte im Flugzeug immer eine(n) Fenster_____.

Übung 3

Anlaß/Gelegenheit

Welches Wort paßt?

1. Die/Der _____ des Streites war ihr Einkauf.
2. Hoffentlich ergibt sich bald der/die _____ zu einer Aussprache.
3. Nichts ist schlimmer als ein(e) verpaßte(r) _____.

I. Sinnähnliche Wörter

4. _____ für seine Beschwerde war der ständige Lärm.
5. Bei nächstem/nächster _____ wird er seine Pläne in die Tat umsetzen.
6. Es besteht kein(e) _____ zur Besorgnis.
7. _____ macht Diebe.
8. Sie gibt ihm ständig _____ zum Ärger.
9. Diese(n) _____ sollte man beim Schopfe fassen.
10. Das Kostümfest war ein(e) willkommene(r) _____ zur Maskerade.

Übung 4

Affäre/Angelegenheit/Sache

Welches Wort paßt?

1. Das ist meine _____.
2. Die _____ um den Staatsmann hat Aufsehen erregt.
3. Ich bin nicht für halbe _____.
4. Misch dich nicht in seine _____!
5. Da hat er sich gut aus der _____ gezogen.
6. Noch etwas in eigener _____.
7. Das ist eine ernste _____.
8. Dieses Gericht ist nicht jedermanns _____.

Übung 5

Ziel/Zweck

Welches Wort paßt in den folgenden Sätzen?

1. Frankfurt ist das/der _____ seiner Reise.
2. Hauptsache, das Geschenk erfüllt sein(en) _____.

3. Unser heutiger/heutiges Reise_____ ist Freiburg.
4. Das/Der _____ heiligt die Mittel.
5. Von seinen _____ sollte man sich nicht abbringen lassen.
6. Der Sportler aus den USA geht als erster ins/in den _____.
7. Das/Der _____ des Ganzen ist nicht klar.
8. Das hat kein(en) _____!
9. Man sollte sich seine _____ nicht zu hoch stecken.
10. Endlich hat er ein/einen klares/klaren _____ vor Augen.

Übung 6

> Befund/Ergebnis

Welches Wort paßt?

1. Das/Der _____ ist negativ.
2. Die Untersuchung führte zu keinem befriedigenden _____.
3. Das/Der ärztliche _____ liegt noch nicht vor.
4. Ohne _____.
5. Mit diesem positiven _____ hatte niemand gerechnet.

Übung 7

> Ruine/Scherben/Trümmer/Wrack

Was fehlt hier? Bitte schreibe die Sätze zu Ende, und ergänze eventuell notwendige Artikel.

1. Das Schloß ist/sind heute _____.
2. Erst nach Tagen wurde(n) das/die Flugzeug_____ gefunden.
3. _____frauen haben sich nach dem Krieg sehr für den Wiederaufbau eingesetzt.

I. Sinnähnliche Wörter

4. Die Kloster_____ kann man noch besichtigen.
5. Aus _____ wurden viele Tote geborgen.
6. Der Krug zersprang in 1000 _____.
7. Mit 50 stand er vor _____ seiner Ehe.
8. Durch seine Alkoholsucht ist er zu einem/einer menschlichen _____ geworden.
9. Bei der Aussprache hat es _____ gegeben.
10. Die Stadt lag in _____.
11. _____ bringen Glück.
12. Sie haben das/die Schiffs_____ gehoben.
13. Von der gotischen Kirche steht/stehen nur noch _____.

Übung 8

```
Beschwerde[n]/Einspruch/Klage
```

Bitte setze das passende Wort - gegebenenfalls mit Artikel - in die folgenden Sätze ein.

1. Er führt _____ gegen sie.
2. Gegen den Steuerbescheid mußte sofort _____ eingelegt werden.
3. Die Verletzung macht ihm _____.
4. Der/Die _____ wurde abgewiesen.
5. Das Gericht hat dem/der _____ stattgegeben.
6. Er sollte _____ einlegen.
7. Sie hat keinen Grund zum/zur _____.
8. Der/Die _____ wurde zurückgezogen.

Übung 9

> Inspektion/Reparatur/Wartung

1. Die teure _____ lohnt sich nicht mehr.
2. Alle 15.000 km muß der Wagen zur _____.
3. An dem Gerät muß dringend eine _____ vorgenommen werden.
4. Eine regelmäßige Heizungs_____ spart Kosten.
5. Die _____ der Elektrogeräte erfolgt alle 12 Monate.

Übung 10

> Kontrolle/Razzia/Überwachung

1. Er hat die _____ über seinen Wagen verloren.
2. Die _____ des Hauses hatte nicht den gewünschten Erfolg.
3. Die _____ in den einschlägigen Bars hatte Erfolg.
4. Die _____ an der Grenze wurden verschärft.
5. Ohne Paß kommt man nicht durch die _____.

Übung 11

> Bau/Bauwerk/Gebäude/Haus

1. Historische _____ stehen unter Denkmalschutz.
2. Das/Der neue _____ für die Stadtverwaltung wird jetzt gebaut.
3. Sie wohnen in einem mehrstöckigen _____.
4. Sie arbeitet in einem mehrstöckigen _____.
5. Dort drüben ist das/der _____ des Ministeriums.

6. Er wohnte lange im elterlichen _____.
7. Das Schloß ist ein architektonisch interessanter/interessantes _____.
8. Das ist ein öffentlicher/öffentliches _____.
9. Sie haben ein(en) offenen/offenes _____.
10. Er führte die Gäste durch das/den ganze(n) _____.

Übung 12

```
Kern/Stein
```

Welches der beiden Wörter wird bei welcher Frucht benutzt? Bitte ordne die Wörter in die Tabelle ein.

A Kern	B Stein

1. Apfel, 2. Aprikose, 3. Birne, 4. Johannisbeere, 5. Kirsche, 6. Pflaume, 7. Weintraube.

Übung 13

a) Was ist am schwächsten, was am stärksten?

1. Bö, 2. Brise, 3. Hurrikan, 4. Lüftchen, 5. Lufthauch, 6. Orkan, 7. Sturm, 8. Taifun, 9. Wind, 10. Windstoß.

```
-                                                            +
___       ___       ___       ___       ___
   ___       ___       ___       ___
        ___       ___       ___
```

b) Welche Wörter drücken nur eine kurze Luftbewegung aus?
c) Und jetzt noch ein paar Scherzfragen, die mit dem Wetter zu tun haben:

1. Applaus   + heftiger Wind   = _____
2. Zahlungsmittel + Niederschlag   = _____
3. Empfindung   + Gegenwort zu Hitze = _____

I. Sinnähnliche Wörter

Übung 14

Die folgenden Wörter besagen alle, daß es sich nicht um Originale handelt. In welchem Zusammenhang findet man sie?

Wer/Was	paßt	zu wem/wozu?
1 Ab-/Zweitschrift		A Brief
2 Doppelgänger		B Diebstahl geistigen Eigentums
3 Double		C Schmuck
4 Duplikat		D Bücher, Bilder
5 Durchschlag		E Urkunde
6 Faksimile		F fremdspachlicher Text
7 (Foto)kopie	7 J	G Bildhauerei
8 Imitat		H Medikament
9 Imitation		I Nachbildung eines Originals, die der Künstler selbst hergestellt hat
10 Nachbildung		J Schriftstück, Urkunde, Dokument
11 Placebo		K mit einem Original in Größe und Auslieferung genau übereinstimmende Nachbildung (z.B. von Büchern)
12 Plagiat		L jemand, der genauso aussieht wie eine andere Person
13 Replik		M jemand, der für einen Filmschauspieler ein gefährliches Kunststück in dessen Rolle übernimmt
14 Reproduktion		
15 Stuntman		
16 Übersetzung		

Übung 15

a) Die folgenden Wörter haben alle etwas mit "Kontrolle" zu tun. In welchem Zusammenhang werden sie benutzt?

Welche Art Kontrolle	paßt	zu welchem Wort?
1 staatliche Kontrolle z.B. von Filmen		A Aufsicht
2 Geschäftsbücher in einer Firma		B Beaufsichtigung
3 wissenschaftliche Analyse		C Beschattung
4 verdächtiges Haus durch die Polizei		D Bespitzelung
5 Mitgefangene im Gefängnis		E Durchsuchung
6 Heimliche Beobachtung einer verdächtigen Person		F Inspektion
7 Schüler in der Schule		G Observation
8 Betreuen von Kindern oder Patienten	8 A	H Revision
9 Kontrolle einer Fabrik		I Überprüfung
10 Beschatten eines Agenten		J Überwachung
11 wissenschaftliche Beobachtung in einer Sternwarte		K Untersuchung
12 Personalien von der Polizei		L Zensur

b) SCHERZFRAGE:
Warum sind ein Fotograf und eine Detektivin das ideale Ehepaar, das sich gut ergänzt?

I. Sinnähnliche Wörter

Übung 16

Kammer-/Raum-/Zimmer-

Welches Wort paßt?

	A Kammer-	B Raum-	C Zimmer-
1 -antenne			
2 -ausstatter		×	
3 -gestalter			
4 -inhalt			
5 -kellner			
6 -konzert			
7 -mädchen			
8 -mangel			
9 -mann			
10 -musiker			
11 -nachbar			
12 -orchester			
13 -pflanze			
14 -pflegerin			
15 -sänger			
16 -teiler			
17 -temperatur			
18 -theater			

I. Sinnähnliche Wörter

Übung 17

Gepäck-/Güter-/Last-

Alle drei Wörter haben etwas mit Tragen zu tun.

Güter = etwas, was man transportiert
Gepäck = etwas, was man auf Reisen mitnimmt
Last = etwas, woran man schwer trägt

a) Bitte ordne die folgenden Wörter zu. Manchmal paßt ein Wort in mehrere Rubriken.

A Gepäck-	B Güter-	C Last-

1. -abfertigung, 2. -ablage, 3. -aufbewahrung, 4. -aufgabe, 5. -auto, 6. -bahnhof, 7. -esel, 8. -fahrer, 9. -fernverkehr, 10. -kahn, 11. -kontrolle, 12. -(kraft)wagen, 13. -nahverkehr, 14. -netz, 15. -stück, 16. -tier, 17. -träger, 18. -transport, 19. -versicherung, 20. -wagen, 21. -zug.

b) Was bedeuten die Wörter unter Nr. 21?

Übung 18

> Ehe-/Heirats-/Hochzeits-

Alle drei Wörter haben etwas mit einer Verbindung zwischen Mann und Frau zu tun.

Ehe   = gesetzlich anerkannte Lebensgemeinschaft zwischen Mann und Frau
Heirat   = eheliche Verbindung
Hochzeit = mit der Eheschließung verbundene Feier

I. Sinnähnliche Wörter

Welches der drei Wörter paßt? Bitte ordne die folgenden Wörter zu.

A Ehe-/ehe-	B Heirats-/heirats-	C Hochzeits-

1. -antrag, 2. -anzeige, 3. -beratung, 4. -bruch, 5. -fähig,
6. -fest, 7. -frau, 8. -gast, 9. -geschenk, 10. -jahr,
11. -kleid, 12. -krise, 13. -lustig, 14. -mann, 15. -mahl,
16. -nacht, 17. -paar, 18. -partner, 19. -recht, 20. -reise,
21. -ring, 22. -scheidung, 23. -schließung, 24. -schwindler,
25. -tag, 26. -vermittlung, 27. -vertrag.

Wenn du noch mehr Beispiele findest, schreibe sie am besten auch gleich in die Tabelle.

Übung 19

| Ersatz-/Reserve-/Vertretung- |

Alle drei Wörter haben mit einer Person oder Sache zu tun, die an Stelle einer anderen Person oder Sache eingesetzt wird bzw. deren Funktion übernimmt.

Ersatz	= Übernahme der Funktion einer anderen Person/Sache
Reserve	= etwas, was für den Bedarfsfall vorsorglich zurückbehalten/eingesammelt wird
Vertretung	= Einspringen für jemanden

A Ersatz-	B Reserve-	C Vertretungs-

1. -bank, 2. -befriedigung, 3. - dienst, 4. -kanister, 5. -kasse, 6. -lehrer, 7. -rad, 8. -reifen, 9. -spieler, 10. -stunde, 11. -teil.

Übung 20

| Galgen-/Henkers- |

a) Bitte ordne die Wörter in die zugehörige Spalte der Tabelle.

A Galgen-	B Henkers-

1. -beil, 2. -frist, 3. -humor, 4. -mahlzeit.

b) Kannst du nun die Bedeutung der Begriffe erklären?

I. Sinnähnliche Wörter

Übung 21

Haupt-/Kopf-

Bitte ordne die Wörter in die zugehörige Spalte der Tabelle.

A Haupt-	B Kopf-

1. -bahnhof, 2. -ball, 3. -bedeckung, 4. -beruf, 5. -bewegung, 6. -darsteller, 7. -eingang, 8. -figur, 9. -form, 10. -gebäude, 11. -geld, 12. -geschäft, 13. -gewinn, 14. -grippe, 15. -haar, 16. -hörer, 17. -kissen, 18. -mahlzeit, 19. -person, 20. -post, 21. -rolle, 22. -saison, 23. -salat, 24. -schmerz, 25. -schulabschluß, 26. -schütteln, 27. -sprung, 28. -stadt, 29. -steinpfla-

ster, 30. -straße, 31. -tuch, 32. -verkehrszeit, 33. -verletzung, 34. -wohnsitz, 35. -zerbrechen.

Übung 22

-betrieb/-fabrik/-firma/-geschäft/-unternehmen/-werk

a) Welches Wort paßt?

	A -betrieb	B -fabrik	C -firma	D -geschäft	E -unternehmen	F -werk
1 Atomkraft-						
2 Bau-						
3 Fach-						
4 Familien-						
5 Handwerks-						
6 Maschinen-						
7 Möbel-						
8 Privat-						
9 Stahl-						
10 Transport-						
11 Traum-						
12 Versand-						
13 Welt-						
14 Zigaretten-						
15 Zuliefer-						

b) Was bedeuten die Wörter?

I. Sinnähnliche Wörter

Übung 23

-bau/-gebäude/-haus

In welche Rubrik gehören die folgenden Wörter?

A -bau	B -gebäude	C -haus

1. Apartment-, 2. Ausstellungs-, 3. Backstein-, 4. Bahnhofs-, 5. Barock-, 6. Bauern-, 7. Einfamilien-, 8. Eltern-, 9. Fabrik-, 10. Fertig-, 11. Flach-, 12. Freuden-, 13. Gast-, 14. Holz-, 15. Kur-, 16. Lügen-, 17. Miets-, 18. Museums-, 19. Opern-, 20. Rat-, 21. Rats-, 22. Schnecken-, 23. Schul-, 24. Stein-, 25. Universitäts-, 26. Verwaltungs-, 27. Wohn-.

I. Sinnähnliche Wörter

Übung 24

> -anlage/-apparat/-gerät/-maschine

a) Bitte ordne die folgenden Wörter in die Übungstabelle ein. Manchmal gibt es auch mehrere Lösungen. Worin bestehen dann die Unterschiede?

A -anlage	B -apparat	C -gerät	D -maschine

1. Alarm-, 2. Bohr-, 3. Charter-, 4. Fabrik-, 5. Fernseh-, 6. Foto-, 7. Geld-, 8. Geschirrspül-, 9. Gleis-, 10. Grün-, 11. Kaffee-, 12. Klima-, 13. Linien-, 14. Park-, 15. Radio-, 16. Rasier-, 17. Rundfunk-, 18. Staats-, 19. Stereo-, 20. Telefon-, 21. Tonband-, 22. Verwaltungs-, 23. Wasch-.

b) Welche der Wörter sind abstrakt gebraucht? Was bedeuten sie?

_____ _____

c) Was wird gebraucht,

    1. um Städte freundlicher zu machen? _____
    2. um Räume zu temperieren? _____
    3. um eine reguläre Flugreise anzutreten? _____

I. Sinnähnliche Wörter

4. um Musik zu hören? _____
5. um Züge fahren zu lassen? _____
6. um Autos zu säubern? _____

Übung 25

Welche der folgenden Verben passen nicht in die jeweilige Reihe?

1. brauchen - benutzen - nötig haben
2. gebrauchen - verwenden - benötigen
3. ausufern - überschwemmen - überfluten - über die Ufer treten
4. fördern - fordern - verlangen.

Setze nun das jeweils passende Wort in die folgenden Sätze ein.

1. "brauchen", "benutzen" oder "nötig haben"?
   a) Sie _____ dringend ein neues T-Shirt mit Pailletten für den Disko-Abend.
   b) Für die Übersetzung kannst du ein Wörterbuch _____.
   c) Leider _____ sie nur selten ein Deo, obwohl sie es dringend _____.

2. "gebrauchen", "verwenden" oder "benötigen"?
   a) Sie wollen das Haus verkaufen, weil sie Bargeld _____.
   b) Sie _____ immer dasselbe Parfum.
   c) Manche Lebensmittel waren nach dem Reaktorunglück nicht mehr zu _____.

3. "ausufern", "überschwemmen", "überfluten" oder "über die Ufer treten"?
   a) Wenn es taut, kann der Rhein sehr schnell _____.
   b) Bei Hochwasser _____ der Rhein immer die Kölner Altstadt.
   c) Die Diskussion begann allmählich _____.

4. "fördern", "fordern" oder "verlangen"?
   a) In manchen Fernsehsendungen werden junge Talente _____.
   b) Die Angestellten _____ höhere Gehälter.

c) Man kann nicht immer nur etwas _____, ohne selbst etwas zu geben.

Übung 26

| chartern/leasen/mieten/pachten |

a) Welches Wort paßt?

1. Der Wirt hat das Lokal _____.
2. Er hat für den Urlaub eine Ferienwohnung _____.
3. Viele Leute _____ ihr Auto.
4. Für die Fahrt über die Insel haben sie ein Auto _____.
5. Er meint, er habe die Klugheit für sich _____.
6. Die Reisegesellschaft hat das Schiff _____.
7. Firmen _____ oft ihre Fotokopiergeräte.
8. Er hat den Garten _____.
9. Sie haben ein Haus in der Stadt _____.
10. Nicht jeden PC kann man _____.
11. In den Ferien am See haben sie ein Boot _____.
12. Für die Pauschalreise hat der Reiseveranstalter ein Flugzeug _____.

b) Und was bedeuten die Wörter?

I. Sinnähnliche Wörter

Übung 27

> fegen/kehren

Diese beiden Wörter haben dieselbe Bedeutung. In bestimmten Verwendungen kann man aber nur das eine oder das andere gebrauchen. Bitte setze nun das passende Wort ein.

1. Der Champion hatte den Gegner schon nach 3 Runden vom Platz _____.
2. Alles wird sich bald zum Besten _____.
3. Mit einer Handbewegung _____ sie seine Argumente vom Tisch.
4. Ein Sturm _____ über die Ebene.
5. Er _____ den Ball ins Aus.

Übung 28

> prügeln/schlagen

1. Er schlich sich davon wie ein _____ Hund.
2. Da _____ er mit der Faust auf den Tisch.
3. Sie haben ihn zu Tode _____.
4. Der Regen _____ ans Fenster.
5. Der Gegner hat ihn k.o. _____.
6. Er _____ ihm wohlwollend auf die Schulter.
7. Der Vogel _____ mit den Flügeln.
8. Er kann keinen Nagel in die Wand _____.
9. Die beiden Jungen haben sich schon wieder _____.
10. Christus wurde ans Kreuz _____.
11. Sein Herz _____ ruhig.
12. Er hat den Weltmeister im Tennis _____.

Übung 29

> geschehen/passieren/sich ereignen

a) Welches Wort paßt?

1. Das Verbrechen _____ aus Eifersucht.
2. An der Kreuzung _____ gestern ein schwerer Unfall.
3. Der Zug hat die Grenze _____.
4. Falls mir etwas _____, dann findest du die Unterlagen im Schreibtisch.
5. Hoffentlich ist da kein Unglück _____!
6. In dieser Angelegenheit muß endlich etwas _____.
7. So etwas ist mir bis heute noch nicht _____!
8. Mir ist da leider ein Mißgeschick _____.

b) Welche Bedeutungen hat das Wort "passieren"?

_____ _____

_____

Übung 30

> ergreifen/fassen/nehmen/packen/treffen

1. Die Nachricht hat uns tief _____.
2. Sie konnte keinen klaren Gedanken _____.
3. Die Kugel hat ihn tödlich _____.
4. Da _____ sie ihn am Arm.
5. Er erschrak, _____ sich aber schnell wieder.
6. Du hast genau meinen Geschmack _____.
7. Das ist nicht zu _____!
8. Wir hatten es im Urlaub sehr gut _____.
9. Bei dem Film wird jeder von Entsetzen _____.

10. Es fällt ihm immer schwer, einen Entschluß zu _____.
11. Reue würde sie nie _____.
12. Der Tank _____ nur 40 l.
13. Er hat das Kind auf den Schoß _____.
14. Bei der Razzia wurde der Einbrecher _____.
15. Sie konnte nicht _____, daß alles vorbei sein sollte.
16. Mit dieser Eröffnung hat er sie hauptsächlich in ihrem Stolz _____.
17. Er hat die Gelegenheit beim Schopf _____.
18. Mit ihrer Vermutung hat sie ins Schwarze _____.
19. Die Schuld _____ alle Beteiligten.

Übung 31

Die folgenden Verben sind alle mit "-machen" gebildet. Findest du jeweils ein sinnähnliches Verb ohne "-machen"?

1. abmachen   = _____
2. anmachen   = _____
3. aufmachen = _____
4. ausmachen = _____
5. einmachen = _____
6. nachmachen = _____
7. vermachen = _____
8. vormachen = _____
9. zumachen   = _____

Übung 32

```
machen
```

Wodurch kann man den Ausdruck mit "machen" ersetzen?

1. Ordnung machen = _____
2. Spaß machen = _____
3. Urlaub machen = _____
4. Hochzeit machen = _____
5. Fotos machen = _____
6. sich die Haare machen = _____
7. Lärm machen = _____
8. Eindruck machen = _____
9. Musik machen = _____
10. Mut machen = _____
11. einen Spaziergang machen = _____
12. eine Reise machen = _____
13. einen Besuch machen = _____

I. Sinnähnliche Wörter

Übung 33

```
Substantiv + "kommen"
```

Für die Verbindungen von "kommen" mit einem Substantiv gibt es auch einfache Verben, die dasselbe ausdrücken. Diese Verben können aktivisch, passivisch oder reflexiv gebraucht sein. Wie heißen sie?

	A aktivisch	B passivisch	C reflexiv
1 zu Fall kommen			
2 zu Ohren kommen			
3 zu Gesicht kommen			
4 zum Ausbruch kommen			
5 zur Entfaltung kommen			
6 zum Abschluß kommen			
7 zu Hilfe kommen			
8 zur Anwendung kommen			
9 zum Entschluß kommen			
10 zur Verhandlung kommen			
11 zur Erkenntnis kommen			
12 zum Einsatz kommen			
13 zur Einigung kommen			

Übung 34

> einkellern/einkochen/einlegen/einmachen

All diese Wörter drücken aus, daß etwas haltbar gemacht, aufbewahrt wird. Welches Wort paßt wohin?

	einkellern A	einkochen B	einlegen C	einmachen D
1 Eier	→ ←	→ ←	→ ←	→ ←
2 Gurken	→ ←	→ ←	→ ←	→ ←
3 Heringe	→ ←	→ ←	→ ←	→ ←
4 Kartoffeln	→ ←	→ ←	→ ←	→ ←
5 Kirschen	→ ←	→ ←	→ ←	→ ←
6 Kohlen	→ ←	→ ←	→ ←	→ ←
7 Marmelade	→ ←	→ ←	→ ←	→ ←
8 Obst	→ ←	→ ←	→ ←	→ ←

I. Sinnähnliche Wörter

Übung 35

a) Welche Wörter sind inhaltlich ähnlich?
ACHTUNG! Es gibt jeweils zwei Kombinationen!

Beispiel:

gemeinsam - insgesamt - zusammen

1. vergammelt - herabgekommen - heruntergekommen
2. allein - nur - einsam
3. machen - erledigen - schaffen (2.Partizip: geschafft) - schaffen (2.Partizip: geschaffen)
4. fast - circa - beinahe - ungefähr
5. selbst - sogar - allein

b) Setze nun bitte die obigen Wörter in die folgenden Sätze ein:

Beispiel:

Sie gehen gemeinsam/zusammen spazieren.
Die Reise kostet insgesamt/zusammen 595,- DM.

1. a) Er sieht ganz schön _____/_____ aus.
   b) Sie ist die Treppe _____/_____.
2. a) Die Aufgabe kann _____/_____ der Lehrer lösen.
   b) Jetzt im Alter ist sie sehr _____/_____.
3. a) Er hat die Arbeit nicht mehr _____/_____/_____.
   b) Sie hat ein richtiges Kunstwerk _____/_____.
4. a) Das kostet sehr viel, und zwar _____/_____ 100,- DM (= annähernd 100,- DM).
   b) Ich weiß nicht genau, was es kostet, aber ich nehme an _____/_____ 100,- DM (95,- bis 105,-).
5. a) Das können die Schüler _____/_____ machen.
   b) Diese Aufgabe kann _____/_____ der Lehrer nicht lösen.

Übung 36

Welche der folgenden Adjektive passen nicht in die jeweilige Reihe?

1. herrlich - männlich - maskulin
2. damenhaft - dämlich - feminin - fraulich - weibisch - weiblich
3. beschrankt - beschränkt - begrenzt
4. geschaffen - geschafft - vollbracht

Bitte setze nun jeweils das passende Wort ein.

1. "herrlich", "männlich" oder "maskulin"?
   a) Es gibt Frauen, die eher _____ wirken.
   b) Besonders im Frühling ist die Landschaft _____ anzusehen.

2. "damenhaft", "dämlich", "feminin", "fraulich", "weibisch" oder "weiblich"?
   a) Manche Männer wirken eher _____.
   b) Heute ist es nicht mehr modern, sich als Frau ganz _____ zu verhalten.
   c) Obwohl sie noch sehr jung ist, wirkt sie sehr _____.
   d) Jetzt haben wir den Termin vergessen. Das ist wirklich zu _____.
   e) Dieses Substantiv ist _____.
   f) Seine Bewegungen wirken ausgesprochen _____.

3. "beschrankt", "beschränkt" oder "begrenzt"?
   a) Diesen Artikel gibt es nur in _____ Anzahl.
   b) _____ Bahnübergang.

4. "geschaffen", "geschafft" oder "vollbracht"?
   a) Das Werk ist _____.
   b) _____! Ein Glück, daß wir endlich fertig geworden sind.
   c) Er hat ein wahres Kunstwerk _____.

Übung 37

> dicht/eng

Dicht oder eng, das ist hier die Frage.

1. Auf den Straßen herrscht _____ Verkehr.
2. Sie lagen _____ aneinandergekuschelt da.
3. Durch diese _____ Straße kann kein Bus fahren.
4. Die Häuser stehen _____ beieinander.
5. Das Land ist _____ bevölkert.
6. Die Gardinen sind _____ zugezogen.
7. Nur zwei Bewerber kamen in die _____ Wahl.
8. _____ gedrängt wartete die Menschenmenge vor dem Stadion.

Übung 38

Jeweils eines der Wörter in 1a und 2a paßt nicht in die Reihe. Welches ist das? - Welche Bedeutung hat das Wort, das nicht paßt?

1. a) da - denn - nämlich - weil - wenn.

   b) Setze nun die obigen Wörter an die vorgegebenen Stellen in den folgende Sätzen:

   1. Er kann heute nicht arbeiten, er ist _____ krank.
   2. _____ er krank ist, kann er heute nicht arbeiten.
   3. Immer _____ er krank ist, kann er nicht arbeiten.
   4. Er kann heute nicht arbeiten, _____ er ist krank.

2. a) inmitten - inzwischen - in der Mitte

   b) Setze nun die obigen Wörter ein:

   1. _____ ist es schon spät geworden.
   2. _____ des Platzes ist eine Verkehrsinsel.
   3. _____ blühender Bäume liegt ein See.

Übung 39

a) Die folgenden Wörter drücken aus, daß eine Person mehr als Normalgewicht auf die Waage bringt. Bitte ordne die Wörter in die folgende Skala ein, die sich von etwas Übergewicht (-) bis zu sehr viel Übergewicht (+) erstreckt.

beleibt, dick, fett, füllig, korpulent, mollig, rundlich, vollschlank.

-				+
_____	_____	_____	_____	
_____	_____	_____	_____	

b) Welche Wörter sind eher positiv, welche eher neutral und welche eher negativ?

positiv	neutral	negativ

Kapitel II
Gegenwörter

Übung 1

Wie heißt das Gegenwort zu den folgenden Substantiven?

a)

		Gegenwort
1	Geburt	
2	Liebe	
3	Morgen	
4	Quelle	
5	Reichtum	
6	Regel	
7	Saat	
8	Schuldner	
9	Schüler	
10	Sender	
11	Sieg	
12	Soll	
13	Sonne	
14	Sonntag	
15	Spender	
16	Stadt	
17	Stadtmitte	
18	Start	
19	Tag	
20	Tal	
21	Trauer	

II. Gegenwörter

b) Wie heißt das Gegenwort?

	Gegenwort
1 Amateur	
2 Ebbe	
3 Glück	
4 Hitze	
5 Hoch	
6 Krieg	
7 Lob	
8 Riese	
9 Schaden	
10 Segen	

Setze nun jeweils eines der obigen Wörter und/oder dessen Gegenwort in die folgenden Sätze/Wendungen ein.

1. a) Du kannst ihn fragen. Auf diesem Gebiet ist er _____.

   b) Viele spielen in ihrer Freizeit gerne Fußball, also nicht als _____, sondern als _____.

2. Bei _____ sinkt das Wasser, bei _____ steigt es.

3. a) Bei dem Unfall ist er nicht zu Schaden gekommen. Er ist ein richtiger _____spilz. Sein Freund dagegen ist ein _____vogel.

   b) Immer passiert ihm etwas. Er hat immer _____ im Leben.

4. a) Die _____welle blieb im letzten Sommer aus.

   b) Über Weihnachten ist mit einer weiteren _____welle zu rechnen.

5. a) Für das Wochenende ist ein _____ über der Bretagne angesagt. Endlich wieder gutes Wetter!

II. Gegenwörter

b) Das _____ über dem Atlantik macht einer Schönwetterzone Platz.

6. a) _____ und _____ ist der Name eines Buches.
   b) Es gibt heute immer mehr Anhänger der _____sbewegung.
   c) Man kann nur an die Vernunft aller appellieren, denn einen Atom_____ würde niemand überleben.

7. a) Früher gab es in der Schule für "schlechtes" Benehmen einen _____ .
   b) Vielen Leuten fällt es schwer, ein _____ auszusprechen, wenn jemand gut gearbeitet hat.

8. a) Nicht nur in Märchen gibt es _____ und _____ .
   b) Schneewittchen und die sieben _____ .
   c) Goliath ist der Name eines _____ .

9. a) Wer den _____ hat, braucht für den Spott nicht zu sorgen.
   b) Aus dieser Verbindung haben beide großen _____ gezogen.

10. a) Der _____ der bösen Tat.
    b) Es ist ein _____, daß ihm nichts passiert ist.

II. Gegenwörter

Übung 2

Wie heißen die anderen Familienmitglieder? Bitte trage die fehlenden Wörter in die Tabelle ein.

A Vater	B Mutter	C Kind	D Familienname
1 Eber			Schwein
2	Ente	Junges	Ente
3 Hahn			Huhn
4 Kater		Junges	
5	Hündin	Welpe	
6	Zicke	Zickel	
7	Schaf		Schaf
8		Junges	Taube
9 Ochse/Stier			
10	Stute		Pferd

Übung 3

Wie heißt der weibliche/männliche Gegenpart? Bitte ergänze die fehlenden Wörter.

A weiblich	B männlich
1	Mönch
2 Mutter	
3	Bruder
4 Magd	
5 Mädchen	
6	Mann
7	Sohn
8	Onkel
9 Nichte	
10 Cousine	

Übung 4

Wer trägt was?

Sie	Er
1 Bluse	
2	Hose
3	Anzug
4	Krawatte
5 Strumpfhosen	
6 Abendkleid	

Übung 5

Wie heißt das Gegenwort zu den linksstehenden, leicht verwechselbaren Wörtern?

der Gläubiger ⟵⟶ _____
der Gläubige ⟵⟶ _____

II. Gegenwörter

Übung 6

```
Auf-
```

a) Wie heißt das Gegenwort zu den Substantiven mit der Vorsilbe "Auf-"? Bitte kreuze an.

	A Ab-	B Ent-	C Unter-
1 Auffahrt			
2 Aufgang			
3 Aufladung			
4 Aufrüstung			
5 Aufschwung			
6 Aufstieg			

b) Mit welcher Vorsilbe sind die meisten Gegenwörter gebildet?

Übung 7

Wie heißt das Gegenwort zu den zusammengesetzten Substantiven? Eine kleine Hilfe: Das zweite Wort bleibt immer das gleiche!

	Gegenwort
1 Hausgeburt	
2 Industrieland	
3 Rückenschwimmen	
4 Sitzplatz	
5 Süßwasser	
6 Tonfilm	

II. Gegenwörter

Übung 8

> Einzel-

Wie heißt das Gegenwort zu den folgenden Substantiven? Bitte kreuze in den entsprechenden Spalten der Tabelle an.

	Groß- A	Gruppen- B	Doppel- C	Gesamt- D
1 Einzelergebnis	→ ←	→ ←	→ ←	→ ←
2 Einzelhandel	→ ←	→ ←	→ ←	→ ←
3 Einzelreise	→ ←	→ ←	→ ←	→ ←
4 Einzeltherapie	→ ←	→ ←	→ ←	→ ←
5 Einzelunterricht	→ ←	→ ←	→ ←	→ ←
6 Einzelzimmer	→ ←	→ ←	→ ←	→ ←

Übung 9

> Voll-

a) Wie heißen die Gegenwörter zu den genannten Substantiven? Bitte kreuze in den entsprechenden Spalten die richtige Lösung an.

II. Gegenwörter

	A Halb-	B Mager-	C Teil-	D Neu-
1 Vollkasko	→←	→←	→←	→←
2 Vollmilch	→←	→←	→←	→←
3 Vollmond	→←	→←	→←	→←
4 Vollpension	→←	→←	→←	→←
5 Vollwaise	→←	→←	→←	→←

b) SCHERZFRAGE:
   Fällt dir noch ein anderes "Gegenwort" zu Vollwaise ein?

Übung 10

Wie heißt das Gegenwort zu den Verben?

	Gegenwort
1 anfangen	
2 erlauben	
3 fragen	
4 gewinnen	
5 hassen	
6 lachen	
7 loben	
8 schaden	
9 starten	
10 steigen	

II. Gegenwörter

Übung 11

öffnen

Was kann man alles öffnen? _____ _____ _____

Wie heißt das Gegenwort zu "öffnen" in Zusammenhang mit den folgenden Substantiven?

	Gegenwort zu "öffnen"
1 Augen	
2 Brief	
3 Faust	
4 Flasche	
5 Grenzen	
6 Hahn	
7 Schranke	
8 Tür	

II. Gegenwörter

Übung 12

```
verlieren
```

Wie heißt das jeweilige Gegenwort?

	Gegenwort zu "verlieren"
1 Festung	
2 Kampf	
3 Pfunde	
4 Uhr	
5 Wert	

Übung 13

```
speichern
```

Wie heißt das Gegenwort zu "speichern"?

	Gegenwort zu "speichern"
1 Energie	
2 Flüssigkeit	
3 Informationen	

II. Gegenwörter

Übung 14

Welche Verben passen zu welchen Substantiven? All diese Verben beinhalten entweder "zuführen" (+) oder "wegnehmen" (-). Bitte kreuze an, was zusammenpaßt.

	Güter (A)	Last (B)	Batterie (C)	Fahrzeug (D)	Schiff (E)	Atmosphäre (F)	Gewehr (G)
1 abladen	→←	→←	→←	→←	→←	→←	→←
2 (sich) aufladen	→←	→←	→←	→←	→←	→←	→←
3 ausladen	→←	→←	→←	→←	→←	→←	→←
4 beladen	→←	→←	→←	→←	→←	→←	→←
5 (sich) entladen	→←	→←	→←	→←	→←	→←	→←
6 laden	→←	→←	→←	→←	→←	→←	→←
7 löschen	→←	→←	→←	→←	→←	→←	→←

Übung 15

> ein-

Wie heißt das Gegenwort zu den Verben mit der Vorsilbe "ein-"? In allen Fällen ändert sich sowohl die Vorsilbe wie auch das Basiswort. Bitte ordne nun zu.

	A ab-	B auf-	C ent-
1 einschlafen			
2 einstellen			
3 sich eintrüben			
4 einzahlen			

Übung 16

> auf-

Wie heißt das Gegenwort zu den Verben auf "auf-"? Bitte kreuze an.

	A ab-	B unter-	C zu-
1 aufgehen	→ ←	→ ←	→ ←
2 aufmachen	→ ←	→ ←	→ ←
3 aufsetzen	→ ←	→ ←	→ ←
4 aufsteigen	→ ←	→ ←	→ ←

Übung 17

| zusammen- |

Die folgenden zusammengesetzten Verben besitzen alle ein Gegenwort auf "auseinander-". Hierbei ändert sich jedoch das Basiswort. Wie heißen die gesuchten Verben?

zusammen-	auseinander-
1 -bauen	
2 -bleiben	
3 -kommen	
4 -legen	
5 -schieben	
6 -setzen	

Übung 18

Wie heißt das Gegenwort zu den Adjektiven in der folgenden Übungstabelle?

	Gegenwort
1 echt	
2 faul	
3 gut	
4 heiß	
5 krank	
6 leer	
7 nah	
8 spannend	
9 spärlich	
10 sparsam	
11 spaßig	
12 stationär	
13 statisch	

Übung 19

Wie heißt das Gegenwort zu den linksstehenden, leicht verwechselbaren Wörtern?

oberirdisch (Rohrleitung) ◄───► _____
überirdisch (Wesen)   ◄───► _____

Übung 20

scharf

Wie heißt das Gegenwort zu "scharf" in Verbindung mit folgenden Substantiven?

	Gegenwort zu "scharf"
1 Augen	
2 Bild	
3 Gesicht	
4 Kritik	
5 Kurve	
6 Tempo	
7 Wind	
8 Worte	

Übung 21

Wie heißt das Gegenwort zu "neu" in Verbindung mit folgenden Substantiven?

II. Gegenwörter

	Gegenwort zu "neu"
1 Banknote	
2 Buch	
3 Gegenstand	
4 Mitarbeiter	
5 Möbel	
6 Spuren	
7 Tuch	
8 Ware	

HILFE: Neben "alt" gibt es auch noch andere Möglichkeiten.

Übung 22

ordentlich

Wie heißt das Gegenwort zu "ordentlich" in Verbindung mit folgenden Substantiven?

	Gegenwort zu "ordentlich"
1 Arbeit	
2 Mensch	
3 Professor	
4 Qualität	
5 Raum	
6 Sitzung	
7 Summe	

II. Gegenwörter

Übung 23

> ruhig

Wie heißt das Gegenwort zu "ruhig" in Verbindung mit folgenden Substantiven?

	Gegenwort zu "ruhig"
1 Ferienort	
2 Mensch	
3 Straße	
4 Tag	
5 Wetter	

Übung 24

> alt

Wie heißt das Gegenwort zu "alt" in Verbindung mit folgenden Substantiven?

	Gegenwort zu "alt"
1 Auto	
2 Brötchen	
3 Mensch	
4 Schnee	
5 Wein	
6 Wunde	

Übung 25

> süß

Wie heißt das Gegenwort zu "süß" in Verbindung mit den folgenden Substantiven?

	Gegenwort zu "süß"
1 Bonbons	
2 Gefühl	
3 Obst	
4 Schokolade	
5 Wasser	
6 Wein	

Übung 26

> sauer

Wie heißt das Gegenwort zu "sauer" in Verbindung mit folgenden Substantiven?

	Gegenwort zu "sauer"
1 Arbeit	
2 Kirschen	
3 Miene	
4 Milch	

II. Gegenwörter

Übung 27

```
zart
```

a) Was kann alles zart sein?
   1. was man essen kann: _____
   2. was man hören kann: _____
   3. wie man aussieht: _____

b) Und wie heißt das Gegenwort zu "zart" in Verbindung mit den folgenden Substantiven?

	Gegenwort zu "zart"
1 Farbe	
2 Fleisch	
3 Gestalt	
4 Haut	
5 Klang	
6 Ton	

Übung 28

```
angenehm
```

a) Was kann alles angenehm sein?
   1. was man riecht: _____
   2. was man fühlt: _____
   3. was man erfährt: _____
   4. was man hört: _____

   Findest du noch mehr?

b) Welche Gegenwörter fallen dir zu "angenehm" ein, wenn du die folgende Tabelle durchgehst?

	Gegenwort zu "angenehm"
1 Besucher	
2 Gefühl	
3 Geruch	
4 Leben	
5 Mensch	
6 Nachricht	
7 Töne	
8 Wetter	

Übung 29

rauh

a) Was kann alles rauh sein?

1. womit man spricht: _____
2. was eine Frucht umgibt: _____
3. was den Körper des Menschen umgibt: _____
4. Extremitäten: _____
5. Oberfläche eines Hauses: _____
6. oberste Schicht, z.B. eines Tisches: _____

Findest du noch weitere Beispiele? Dann notiere sie bitte.

7. _____ _____
8. _____ _____

II. Gegenwörter

b) Wie heißt das Gegenwort zu "rauh" in der folgenden Tabelle?

	Gegenwort zu "rauh"
1 Gegend	
2 Hände	
3 Klima	
4 Oberfläche	
5 Putz	
6 Schale	
7 Stimme	
8 Ton	
9 Wind	

Übung 30

schlecht

Wie heißt das Gegenwort zu "schlecht"? Bitte kreuze an.

	A glänzend	B hervorragend	C prima	D gesund	E sonnig	F erfreulich
1 Ernte						
2 Laune						
3 Leistung						
4 Nachricht						
5 Qualität						
6 Wetter						
7 Zähne						

II. Gegenwörter

Übung 31

offen

Wie heißt das Gegenwort zu "offen"? Bitte kreuze an.

	A	B	C	D	E	F	G	H	I
	besetzt	geschlossen	verschlossen	verheilt	ungeöffnet	verdeckt	versteckt	ausweichend	verschlüsselt
1 Abteilung									
2 Arbeitsplatz									
3 Blick									
4 Brief									
5 Feindschaft									
6 Karten									
7 Laden									
8 Mensch									
9 Telegramm									
10 Tür									
11 Wunde									

Übung 32

> gut-

a) Wie heißt das Gegenwort zu den folgenden Adjektiven? Bitte kreuze an.

	A bös-	B übel-	C schlecht-	D un-
1 gutartig	⇄	⇄	⇄	⇄
2 gutaussehend	⇄	⇄	⇄	⇄
3 gutbezahlt	⇄	⇄	⇄	⇄
4 gutgekleidet	⇄	⇄	⇄	⇄
5 gutgelaunt	⇄	⇄	⇄	⇄
6 gutgläubig	⇄	⇄	⇄	⇄

b) Welche Gegenwörter schreibt man auseinander?

_____   _____

Übung 33

kurz-

a) Wie heißt das Gegenwort zu den folgenden Adjektiven?

	Gegenwort
1 kurzatmig	
2 kurzfristig	
3 kurzhaarig	
4 kurzlebig	
5 kurzsichtig	
6 kurzweilig	

b) Einige Adjektive haben noch eine übertragene Bedeutung. Welche? Was bedeuten sie?

_____   _____

_____   _____

Übung 34

```
minder-
```

Wie heißt das Gegenwort zu den folgenden Wörtern? Bitte kreuze an.
ACHTUNG! Ein Wort ändert sich dabei ganz! Welches? _____

	A Voll- a voll-	B Hoch- b hoch-	C Viel- c viel-	D Wohl- d wohl-	E Mehr- e mehr-
1 minderbedeutend					
2 minderbegabt					
3 minderbemittelt					
4 Minderheit					
5 minderjährig					
6 minderwertig					
7 Minderzahl					

Übung 35

a) Wie heißt das Gegenwort? Bitte kreuze die richtige Lösung an.

	A il-	B im-	C in-	D ir-
1 aktiv				
2 kompatibel				
3 legal				
4 liquid				
5 materiell				
6 potent				
7 real				
8 solvent				
9 tolerant				

b) Wovon hängt der Gebrauch der jeweiligen Vorsilben ab?

Übung 36

miß-/Miß-

Wie heißt das Gegenwort zu den folgenden Wörtern? Bitte kreuze an.

	Wohl- wohl- A a	Ge- ge- B b	Wohlge- wohlge- C c	Hoch- hoch- D d	Ver- ver- E e	--- --- F f
1 Mißachtung						
2 Mißbehagen						
3 Mißerfolg						
4 Mißfallen						
5 mißgelaunt						
6 Mißklang						
7 mißlingen						
8 Mißtrauen						

II. Gegenwörter

Übung 37

```
rück-/Rück-
```

Wie heißt das Gegenwort zu den folgenden Wörtern? Bitte ankreuzen.
ACHTUNG! Manchmal ändert sich das ganze Wort.

	Hin- hin- A a	Vor- vor- B b	Vorder- vorder- C c	Fort- fort- D d	Bäuch- bäuch- E e
1 rückdatieren	→	←→	←→	←→	←→ ←
2 Rückfahrt	→	←→	←→	←→	←→ ←
3 Rückfront	→	←→	←→	←→	←→ ←
4 rücklings	→	←→	←→	←→	←→ ←
5 Rückreise	→	←→	←→	←→	←→ ←
6 Rückschritt	→	←→	←→	←→	←→ ←
7 rückschrittlich	→	←→	←→	←→	←→ ←
8 Rückseite	→	←→	←→	←→	←→ ←
9 Rücksitz	→	←→	←→	←→	←→ ←
10 Rückspiel	→	←→	←→	←→	←→ ←

Übung 38

Wie heißt der verneinte bzw. gegenteilige Satz?

1. Ich kann Ski laufen. _____
2. Ich kann Französisch. _____
3. Er ist ein guter Lehrer. _____
4. Er ist schon abgereist. _____
5. Sie sind noch nicht gekommen. _____
6. Das ist ein Freund von mir. _____

II. Gegenwörter

7. Das ist mein Auto. _____
8. Das ist ein neues Auto. _____

Übung 39

Gegenteile - wörtlich

a) Rate mal! Suchst du gerne Gegenteile? Diese Übung ist nicht ganz ernst, dafür aber wörtlich zu nehmen.

1. Wie heißt das Gegenteil von <u>Vorstand</u>? _____
   HILFE: Am besten, du suchst zuerst das Gegenteil von "vor" und dann das von "Stand". Was kommt heraus?
2. Wie heißt nun das Gegenteil von <u>Hochsitz</u>? _____
3. Welches wäre dann das Gegenteil von <u>Pumphosen</u>? _____
   HILFE: Das Wort "Hose" bleibt.
4. Und wie heißt das Gegenteil von <u>überfordern</u>? _____

b) Kannst du die so entstandenen Gegenwörter erklären?

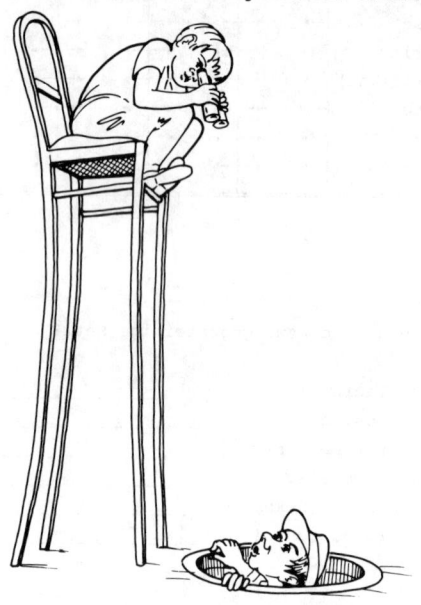

Kapitel III
Präpositionen

III. Präpositionen

Übung 1

> Kopf

Welche Präposition fehlt vor dem Wort "Kopf"?
ACHTUNG! Manchmal muß auch noch der Artikel ergänzt werden.

1. Die Zuschauer standen Kopf _____ Kopf.
2. Der Ball traf ihn _____ Kopf.
3. Er trägt einen Hut _____ dem Kopf.
4. Die Bö reißt ihm den Hut _____ Kopf.
5. Sie hat das ganze Geld gleich _____ den Kopf gehauen.
6. Die Sache wächst ihm _____ den Kopf.
7. Die Kinder haben das ganze Haus _____ den Kopf gestellt.
8. Sie ist so unachtsam; sie zündet uns noch das Haus _____ dem Kopf an.
9. Das Lob stieg ihm _____ Kopf.
10. Der Alkohol stieg ihm _____ den Kopf.
11. Bei dem, was sie so sagt, kann man sich nur _____ den Kopf greifen.
12. Sie will immer _____ dem Kopf durch die Wand.
13. Und wenn du dich _____ den Kopf stellst; das tue ich nicht.
14. Er steckt bis_____ den Kopf in dieser Sache.
15. Es geht _____ Kopf und Kragen.
16. Sie hat sich _____ Kopf bis Fuß neu eingekleidet.
17. Wie immer hat sie ihn damit _____ den Kopf gestoßen.
18. Das weiß ich _____ dem Kopf.
19. Wenn sie sich etwas _____ den Kopf gesetzt hat, bleibt sie dabei.
20. Das werde ich mir _____ den Kopf gehen lassen.
21. Ich brauche Nägel _____ flachen Köpfen.
22. Schlag dir die Frau _____ dem Kopf!
23. Der Hausherr sitzt _____ Kopf der Tafel.
24. Es will mir nicht _____ den Kopf, daß die Sache immer wieder hinausgezögert wird.

Übung 2

```
Druck
```

Welche Präposition fehlt in Verbindung mit dem Wort "Druck"?
ACHTUNG! Manchmal muß auch noch der Artikel ergänzt werden.

1. Das Buch geht jetzt _____ Druck.
2. Der Behälter steht _____ Druck.
3. Er hat wieder viel zu tun; er ist _____ Druck.
4. Die Tür öffnet sich _____ Knopfdruck.
5. _____ Druckabfall in der Kabine fällt eine Sauerstoffmaske aus einer Öffnung über den Köpfen der Fluggäste.
6. _____ Druck reagiert sie grundsätzlich gar nicht.
7. Mit ihren Forderungen hat sie ihn _____ Druck gesetzt.
8. Die Lektorin hat das Buch jetzt _____ Druck gegeben.

Übung 3

```
Haut
```

Welche Präposition fehlt vor dem Wort "Haut"?

1. Er trägt die Jacke _____ der bloßen Haut.
2. Sie fährt immer sofort _____ der Haut.
3. Er fühlt sich wirklich nicht wohl _____ seiner Haut.
4. Sie sind beide _____ heiler Haut davongekommen.
5. _____ ihrer Haut kann sie nicht heraus.
6. Sie ist ihm _____ Haut und Haaren verfallen.
7. Sie waren naß bis _____ die Haut.
8. _____ seiner Haut möchte ich nicht stecken.
9. Sie liebt es, _____ der faulen Haut zu liegen.

Übung 4

Betrieb

Welche Präposition fehlt hier in Verbindung mit dem Wort "Betrieb"?
ACHTUNG! Manchmal muß auch noch der Artikel ergänzt werden.

1. Der Fahrstuhl ist im Moment nicht _____ Betrieb.
2. Bei der Wartung ist der Fahrstuhl _____ Betrieb.
3. Das Holz wird _____ Betrieb der Salinen verwendet.
4. Das neue Werk wird _____ Betrieb gesetzt.

Übung 5

Tisch

a) Welche Präposition fehlt vor dem Wort "Tisch"?
ACHTUNG! Manchmal muß auch noch der Artikel ergänzt werden.

1. Das Essen steht _____ dem Tisch.
2. Wir saßen _____ den Tisch herum.
3. Er stand als erster _____ Tisch auf.
4. Sie setzen sich _____ den gedeckten Tisch.
5. Das können wir _____ den Tisch fallen lassen.
6. Das wurde _____ grünen Tisch entschieden.
7. Die ganze Familie sitzt _____ Tisch (zum Essen).
8. Er hat sich mit seinem Widersacher _____ einen Tisch gesetzt.
9. _____ Tisch legt er sich immer hin.
10. Er hat die Fakten _____ den Tisch des Hauses gelegt.
11. Sie sind getrennt _____ Tisch und Bett.
12. Die Gemeindemitglieder gehen an besonderen kirchlichen Feiertagen _____ Tisch des Herrn.

b) Was bedeuten die Sätze 11 und 12?

Übung 6

> Herz

a) Welche Präposition fehlt vor dem Wort "Herz"?
   ACHTUNG! Manchmal muß auch noch der Artikel ergänzt werden.

   1. Diese Sache liegt mir sehr _____ Herzen.
   2. Sie hat es schon lange _____ Herzen.
   3. Was hast du _____ dem Herzen?
   4. Er wurde _____ Herz und Nieren geprüft.
   5. Die Worte kamen _____ Herzen.
   6. _____ ihrem Herzen macht sie keine Mördergrube.
   7. Man kann niemandem _____ Herz sehen.
   8. Das bringe ich nicht _____ Herz.
   9. Das war ihm _____ dem Herzen gesprochen.
   10. Sie trägt ein Kind _____ dem Herzen.
   11. Sie hat den Kleinen _____ Herz geschlossen.
   12. Nimm dir das nicht so _____ Herzen!
   13. Welches Land liegt _____ Herzen von Europa?

b) Was bedeutet Satz 10?

III. Präpositionen

Übung 7

> Land

Welche Präposition fehlt vor dem Wort "Land"?
ACHTUNG! Manchmal muß auch noch der Artikel ergänzt werden.

1. Die Passagiere gehen _____ Land.
2. Er lebt schon lange _____ dem Land.
3. Diese Tiere leben _____ dem Land.
4. Viele Jahre sind seitdem _____ Land gegangen.
5. Es gibt Tiere, die sich _____ Land und _____ Wasser fortbewegen können.
6. Sie fuhren _____ Land.
7. Nach seiner Scheidung ist er _____ Landes gegangen.
8. Bleibe _____ Lande und nähre dich redlich.
9. Seit Weihnachten ist sie wieder _____ Lande.
10. Sie sind _____ Land in die Stadt gezogen.

Übung 8

> Angst

Welche Präposition wird in Verbindung mit dem Wort "Angst" gebraucht?

1. Er hat Angst _____ der Operation.
2. Sie hat immer große Angst _____ ihre Kinder.
3. Mit dieser Nachricht hast du sie _____ große Angst versetzt.
4. Plötzlich bekamen sie es _____ der Angst zu tun.
5. _____ Angst sagt das Kind nicht die Wahrheit.
6. Die Eltern der entführten Kinder waren _____ höchster Angst.
7. _____ lauter Angst bebte er am ganzen Körper.

III. Präpositionen

Übung 9

| Uhr |

Welche Präposition fehlt hier vor dem Wort "Uhr"?

1. Er sieht ____ die Uhr.
2. ____ meiner Uhr ist es jetzt 12.25.
3. Das Parkhaus ist rund ____ die Uhr geöffnet.
4. Der Unfall geschah so etwa ____ 3 Uhr.
5. Der Arzt hat ____ 8.30 Uhr Sprechstunde.
6. Die Sprechstunde dauert ____ 9 Uhr ____ 12 Uhr.
7. Der Zug fährt ____ 11 Uhr ab.

Übung 10

| Ruhe |

a) Welche Präposition fehlt vor dem Wort "Ruhe"?
   ACHTUNG! Manchmal muß auch noch der Artikel ergänzt werden.

   1. sich ____ Ruhe begeben
   2. sich ____ Ruhe setzen
   3. ____ die ewige Ruhe eingehen
   4. jemanden ____ letzten Ruhe tragen
   5. etwas ____ aller Ruhe tun
   6. sich ____ Ruhe zwingen
   7. jemanden ____ Ruhe lassen
   8. sich nicht ____ der Ruhe bringen lassen
   9. ____ Ruhe kommen
   10. ____ Ruhe und Frieden leben

b) Was bedeuten diese Wendungen? Wenn du nicht mehr weiterweißt, hilft dir das DUDEN-Universalwörterbuch.

Übung 11

```
Tag
```

a) Welche Präposition fehlt vor dem Wort "Tag"?
   ACHTUNG! Manchmal muß auch noch der Artikel ergänzt werden.

1. _____ Tage sieht das anders aus.
2. _____ den Tag hinein schlafen
3. Es ist drei Stunden _____ Tag.
4. Etwas kommt _____ den Tag
5. _____ Tage besehen
6. Bergleute arbeiten _____ Tage.
7. Abends sind die Bergleute wieder _____ Tage.
8. dreimal _____ Tag
9. _____ den Tag genau vor vier Jahren
10. _____ ein paar Tage verreisen
11. _____ Tag _____ Tag
12. Tag _____ Tag
13. _____ seine alten Tage
14. einen Tag _____ den anderen
15. Heute _____ drei Tagen kommt er.
16. Heute _____ drei Tagen kam er.

b) Was bedeutet Satz 4?

Übung 12

Not

Welche Präposition fehlt vor dem Wort "Not"?
ACHTUNG! Einmal muß auch noch der Artikel ergänzt werden.

1. Rettung _____ höchster Not
2. _____ Not sein
3. _____ Not stehlen
4. _____ Not kann man das so machen.
5. _____ Not geraten
6. _____ knapper Not
7. _____ Not tut man so etwas nicht.
8. _____ der Not eine Tugend machen

Übung 13

Auge

a) Welche Präposition fehlt vor dem Wort "Auge"?
ACHTUNG! Manchmal muß auch noch der Artikel ergänzt werden.

1. _____ Auge fallen
2. _____ den Augen verlieren
3. _____ Auge behalten
4. _____ vier Augen
5. jemandem _____ die Augen sehen
6. Tränen _____ den Augen haben
7. Sie hat ihn nie _____ den Augen gelassen
8. _____ jemandes Augen verunglücken
9. _____ einem Auge blind sein
10. _____ den Augen, aus dem Sinn
11. Auge _____ Auge, Zahn um Zahn

III. Präpositionen

12. sich Auge _____ Auge gegenüberstehen
13. Die braune Dose sprang ihr sofort _____ Auge.
14. _____ einem blauen Auge davonkommen
15. etwas _____ jemandes schöner Augen willen tun
16. Diese Nachlässigkeit kann _____ Auge gehen.
17. Ihm wurde schwarz _____ Augen.

b) Was bedeuten die Sätze 4, 9, 10, 11, 14 und 16?

Übung 14

Hand

Welche Präposition fehlt vor dem Wort "Hand"?
ACHTUNG! Manchmal muß auch noch der Artikel ergänzt werden.

1. Die Hausarbeit geht ihm gut _____ der Hand.
2. jemandem _____ Hand gehen
3. das Kind _____ Hand nehmen
4. die Angelegenheit _____ die Hand nehmen
5. dem Kind die Schere _____ der Hand nehmen
6. _____ die Hände spucken
7. ein Buch _____ die Hand nehmen
8. _____ der Hand schreiben
9. jemandem _____ der Hand fressen
10. _____ die Hände klatschen
11. eine Sonate _____ vier Hände
12. jemandem _____ der Hand lesen
13. sich _____ Händen und Füßen verständlich machen
14. _____ Hand genäht sein
15. _____ der Hand verkaufen
16. Die Lösung liegt doch _____ der Hand.
17. eine Sache _____ die Hand nehmen
18. _____ vorgehaltener Hand
19. _____ den Händen laufen
20. _____ Händen tragen

Übung 15

`arbeiten`

Welche Präposition fehlt in Verbindung mit dem Wort "arbeiten"?
ACHTUNG! Einmal muß auch noch der Artikel ergänzt werden.

1. In Ihrer Freizeit arbeitet sie _____ einem Bild.
2. Elektrolit Deutschland arbeitet sehr eng _____ ihrer Filiale in Mexiko zusammen.
3. Er arbeitet _____ einer Computerfirma.
4. Er arbeitet nur _____ seine Familie.
5. Am Mittwoch arbeitet er oft _____ der Baustelle.
6. Sie hat genug Geld und arbeitet nur _____ Vergnügen.
7. Mitunter denkt man, er arbeitet nicht _____, sondern _____ die Interessen seiner Firma.
8. Sie arbeitet immer _____ allen Tricks.
9. Nach dem Unglück mußten die Helfer _____ die Uhr arbeiten, um die Opfer noch lebend bergen zu können.
10. Er arbeitet oft den ganzen Abend _____ seinem Computer.

Übung 16

`helfen`

Wie muß es heißen?

1. Nehmen Sie das dreimal täglich. Das hilft gut _____ Erkältung.
2. Soll ich Ihnen _____ dem Kinderwagen helfen?
3. _____ Kochen lasse ich mir nicht gern helfen.

Übung 17

> kämpfen

Welche Präposition fehlt in Verbindung mit dem Verb "kämpfen"?

1. Sie kämpften bis _____ letzten Mann.
2. Er kämpft _____ vorderster Front.
3. Bei dieser Eröffnung kämpfte sie _____ den Tränen.
4. Sie wird wohl nie aufhören, _____ ihn zu kämpfen.
5. Sie kämpften _____ ein geeintes Europa.
6. Der Schwimmer kämpft _____ den Wellen.
7. Der Schwimmer kämpft _____ die Strömung.
8. Er hat sich mühsam _____ oben gekämpft.
9. Sie kämpft _____ eine bessere Zukunft.
10. Sie kämpft _____ ihre Rivalin.
11. Er kämpft _____ sein Recht.
12. Sie kämpften sich _____ den Dschungel.

Kapitel IV
Wortbildung

IV.0 Wortbildungselemente

1. Vorsilben nennt man auch _____.
2. Nachsilben nennt man auch _____.
3. In der deutschen Gegenwartssprache gibt es zahlreiche Substantive und Adjektive, die wie Vor- oder Nachsilben gebraucht werden. Man drückt mit ihnen oft eine Wertung - Freude, Ärger, eine Stimmung - aus. Man unterscheidet hierbei zwischen Wortbildungselementen, die an erster Stelle (am Anfang) einer Zusammensetzung stehen, und solchen, die an zweiter Stelle (am Ende) stehen. Die an erster Stelle stehenden nennt man A_____ oder B_____, die an zweiter Stelle stehenden nennt man C_____ oder D_____.
Die folgenden Übungen zeigen Beispiele hierzu.

Übung 1

Trage bitte Vor- bzw. Nachsilbe der folgenden Wörter ein:

	Vorsilbe	Nachsilbe
wiedergeben		
einsehen		
Technik		
Bäckerei		
ausgehen		
mehrtägig		
täglich		
sich verschreiben	sich verschreiben	
Gesundheit		
bewundern		

Findest du noch weitere Beispiele? Unterteile sie ebenfalls.

IV.1 Wortbildung mit Vorsilben und Halbpräfixen

Übung 2

-schrift

a) Welche Vorsilbe paßt zu "-schrift"?

	-schrift
Ab-	⟶ X ⟵
An-	⟶ ⟵
Auf-	⟶ ⟵
Aus-	⟶ ⟵
Be-	⟶ ⟵
Ein-	⟶ ⟵
Er-	⟶ ⟵
Gegen-	⟶ ⟵

	-schrift
In-	⟶ ⟵
Mit-	⟶ ⟵
Über-	⟶ ⟵
Unter-	⟶ ⟵
Ver-	⟶ ⟵
Vor-	⟶ ⟵
Wieder-	⟶ ⟵
Zer-	⟶ ⟵

b) Was bedeuten die Substantive?

IV.1 Wortbildung mit Vorsilben und Halbpräfixen

Übung 3

RÄTSELMÜHLRAD

Alle gesuchten Wörter enden auf "-lage". Welche Vorsilbe gehört jeweils dazu? Wenn dir noch etwas dazu einfällt, kannst du beim Joker selbst ein Beispiel einfügen.

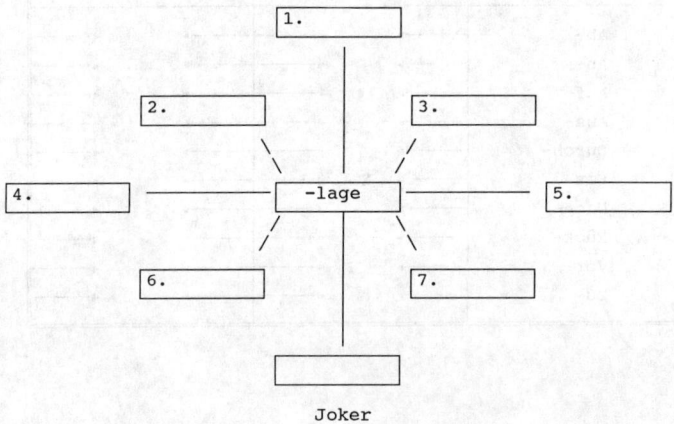

Joker

1. gedruckter Text, der in einer Zeitung liegt, 2. Muster, 3. Anzahl gedruckter Exemplare, z.B. einer Zeitung, 4. Schaufenster, 5. geschriebener Text, der einem Brief beigefügt ist, 6. Platz für Akten, Garderobe, 7. (Gehalts)erhöhung.

IV.1 Wortbildung mit Vorsilben und Halbpräfixen

Übung 4

```
-sehen/-sicht
```

a)
Paßt hier ein Substantiv auf "-sehen" oder "-sicht" oder beides?
Bitte kreuze an!

	-sehen	-sicht
Ab-		
An-		
Auf-		
Aus-		
Durch-		
Ein-	X	
Nach-		
Rück-		
Vor-		
Zu-		

IV.1 Wortbildung mit Vorsilben und Halbpräfixen

b) <u>RÄTSELMÜHLRAD</u>

Welches Wort auf "-sicht" ist mit den folgenden Wörtern sinnverwandt?

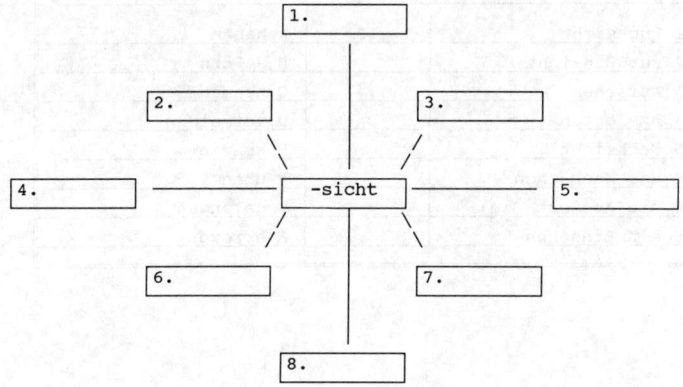

1. Meinung, 2. (flüchtiges) Ansehen, 3. Panorama, 4. Verzeihung/Langmut, 5. Plan, 6. Respektieren des anderen, 7. Verständnis, 8. Wache.

c) Bitte ergänze:
1. Seine _____ sind total veraltet.
2. Von hier aus hat man eine schöne _____ .
3. Bei _____ der Unterlagen stellten sich einige Fehler heraus.
4. _____! Bissiger Hund!
5. Seine _____ sind schwer zu durchschauen.
6. Ihr gutes _____ hat ihr schon manchmal geholfen.

d) Was paßt zusammen? (Manchmal gibt es mehr als eine Möglichkeit.)

Welches Substantiv	paßt	zu welchem Verb?
1 Rücksicht	1C	A haben
2 zur Einsicht		B äußern
3 Aufsehen		C nehmen
4 Ansichten		D vermeiden
5 Nachsicht		E kommen
6 das Nachsehen		F üben
7 die Absicht		G gelangen
8 ein Einsehen		H erregen

Übung 5

-nehmen/-nahme

a) Die folgenden Vorsilben finden sich in Wörtern mit "-nehmen"/"-nahme". Bitte kreuze die entsprechenden Stellen an!

	-nehmen	-nahme
ab- /Ab-		
an- /An-		
auf- /Auf-		
aus- /Aus-		
be- /Be-		
ein- /Ein-	X	
ent- /Ent-		
entgegen-/Entgegen-		
mit- /Mit-		
nach- /Nach-		
ver- /Ver-		
vor- /Vor-		
zu- /Zu-		

b) Was paßt zusammen?

Welches Substantiv	paßt	zu welchem Verb?
1 Tropfen		A annehmen
2 Gewebeprobe		B entgegennehmen
3 Blut		C abnehmen
4 Reparaturen		D einnehmen
5 einen Angeklagten	5E	E vernehmen
6 eine Glückwunschsendung		F zunehmen
7 ein Päckchen		G übernehmen
8 eine Gans		H entnehmen
9 an Gewicht		I ausnehmen

c) SPRICHWÖRTER:

_____ bestätigen die Regel.

Kennst du noch andere Sprichwörter mit Wörtern auf "-nehmen" oder "-nahme"?

d) Auch auf diesen Schildern taucht ein Wort mit "-nahme" auf. Bitte ergänze den fehlenden Wortteil.

        Reparatur _____ hier
        Unfall _____
        _____möbel

Kennst du noch andere Schilder dieser Art? Wo findet man sie?

e) SCHERZFRAGEN:
1. Und welches sind die besten "-nahmen"? _____
2. Auf der Behörde
   Beamter: Vorname?
   Bürger: Peter.

IV.1 Wortbildung mit Vorsilben und Halbpräfixen

Beamter: Zuname?
Bürger: Täglich zwei Pfund.

Worin besteht das Mißverständnis?

Übung 6

```
-finden/-fund
```

a) Nehmen wir einmal das Verb "finden". Welche Vorsilben passen zu dem Verb? Manche Verben werden mit "sich" verbunden, sie werden "reflexiv" genannt.

Bilde mit den folgenden Vorsilben sowohl Verben als auch Adjektive und Substantive mit dem Wort "finden". Von welchen Verben werden Adjektive oder Substantive abgeleitet?
Schreibe am besten alles in die Tabelle! Findest du noch mehr Vorsilben und Wortbeispiele?

		Verb	Adjektiv	Substantiv
---	/---	finden		Fund
ab-	/Ab-	abfinden		Abfindung
an-	/An-			
auf-	/Auf-			
aus-	/Aus-			
be-	/Be-			
vor-	/Vor-			
wieder-	/Wieder-			

b) Bei den nächsten Texten hat der Setzer gerade Frühstückspause gemacht und etwas gegessen, und auf ein paar wichtige Wörter sind Kleckse gekommen. Sie sind dadurch unlesbar geworden.

IV.1 Wortbildung mit Vorsilben und Halbpräfixen

Kannst du ihm helfen? Alle Wörter, die fehlen, haben etwas mit "finden" zu tun.

KURZMELDUNGEN
Mord im Swimmingpool:
Gestern abend gegen 19.00 Uhr ist die bekannte Schauspielerin Romika Schreiber im Swimmingpool ihres in der Nähe der Filmstudios 1_____ Luxusbungalows tot 2_____ worden. Wahrscheinlich handelt es sich um einen Raubmord. Die Polizei hat die Wohnung total verwüstet 3_____ .

c) Jetzt suchen wir noch drei Adjektive, die auch mit "finden" zusammenhängen. Glaubst du, daß du sie findest?

Wie kann man sagen für:
1. nach längerem Suchen auf etwas stoßen = _____ werden
2. gewitzt, wendig = _____
  _____

Übung 7

`-kommen/-kunft`

a) Nehmen wir jetzt einmal das Verb "kommen". Welche Vorsilben passen dazu, und wie heißen die Wörter dann? Von welchen Verben werden Adjektive oder Substantive abgeleitet?

	Verb	Adjektiv	Substantiv
ab- /Ab-			
an- /An-			Ankunft
auf- /Auf-			
aus- /Aus-			Auskommen
be- /Be-			
bei- /Bei-			
ein- /Ein-			
ent- /Ent-			
entgegen- /Entgegen-			
her- /Her-			
herab- /Herab-			
herunter- /Herunter-			
hin- /Hin-			
hinunter- /Hinunter-			
los- /Los-			
mit- /Mit-			
nach- /Nach-			
nieder- /Nieder-			
um- /Um-			
ver- /Ver-	verkommen	verkommen	
vor- /Vor-			
wieder- /Wieder-			
zu- /Zu-			

b) Was fällt dir bei der Bildung der Substantive auf?

IV.1 Wortbildung mit Vorsilben und Halbpräfixen

c) Welche Vorsilben fehlen hier?

1. Von einem Vorhaben _____-kommen
2. Mit einer Person nicht _____-kommen können
3. Jemandem preislich _____-kommen
4. Die Treppe _____-kommen
5. Mit seinem Geld nicht _____-kommen
6. Den Verfolgern _____-kommen
7. Das Essen ist ihm im Urlaub nicht gut _____-kommen.
8. Sie wollte nicht auf die Party _____-kommen.
9. Wenn der neue Besitzer nicht investiert, wird das Haus ganz _____-kommen.
10. Da ist Freude _____-gekommen.
11. Der Zug ist zu spät in Köln _____-gekommen.
12. Er kann seinen Verpflichtungen nicht _____-kommen.

d) Im folgenden Text fehlen Wörter, die mit "-kommen" zusammengesetzt sind. Ihre Bedeutung findest du unten. Wie heißen sie?

Es soll 1_____, daß die 2_____ mit ihrem 3_____ nicht 4_____, nach Amerika 5_____ und dort 6_____ und daß sie so 7_____, das soll auch 8_____.

1. passieren
2. Kinder und Kindeskinder
3. Geld, das du verdienst
4. damit leben können
5. fliehen
6. verwahrlosen
7. sterben
8. passieren

Kannst du auch so eine Geschichte erzählen, in der jedes Verb mit "-kommen" zusammengesetzt ist? Willst du es mal probieren?

IV.1 Wortbildung mit Vorsilben und Halbpräfixen

Übung 8

-drucken/-druck

a) Was paßt zusammen?

		-drucken	-druck
ab-	/Ab-	→ ←	→ ←
an-	/An-	→ ←	→ ←
auf-	/Auf-	→ ←	→ ←
aus-	/Aus-	→ ←	→ ←
be-	/Be-	→ ←	→ ←
ein-	/Ein-	→ ←	→ ←
er-	/Er-	→ ←	→ ←
ent-	/Ent-	→ ←	→ ←
her-	/Her-	→ ←	→ ←
hin-	/Hin-	→ ←	→ ←
mit-	/Mit-	→ ←	→ ←
nach-	/Nach-	→ ←	→ ←
ver-	/Ver-	→ ←	→ ←
vor-	/Vor-	→ ←	→ X ←
zer-	/Zer-	→ ←	→ ←
zu-	/Zu-	→ ←	→ ←

b) <u>RÄTSELMÜHLRAD</u>

Welche Vorsilbe fehlt? (Zwei, drei oder vier Buchstaben sind möglich.) Wenn dir noch etwas einfällt, kannst du bei den Jokern eigene Beispiele einsetzen.

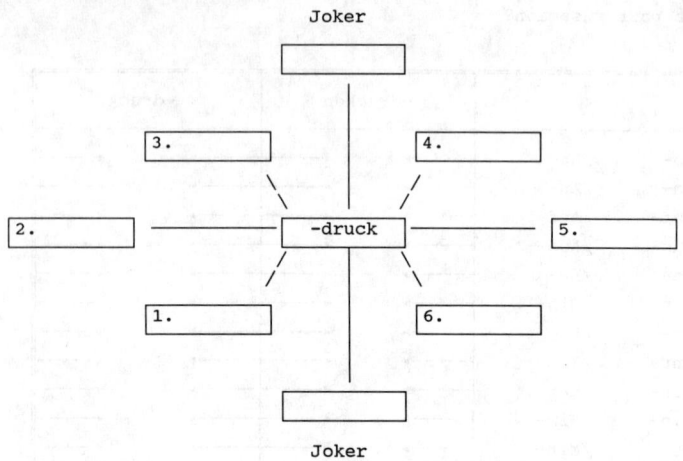

1. kurzer Text, 2. Publikation z.B. eines Artikels, 3. Formular zum Ausfüllen, 4. im Bewußtsein haftende Vorstellung von jemandem/etwas, 5. besonders starke Betonung, 6. Bezeichnung, Wendung.

Übung 9

```
-schlagen/-schlägig/-schlag
```

a) Was paßt zusammen? Wenn du nicht weiterweißt, kannst du im DUDEN - Deutsches Universalwörterbuch nachschlagen.

		Verb	Adjektiv	Substantiv
ab-	/Ab-	abschlagen	abschlägig	Abschlag
an-	/An-			
auf-	/Auf-			
aus-	/Aus-			
be-	/Be-			
ent-	/Ent-			
er-	/Er-			
nach-	/Nach-			
ver-	/Ver-			
vor-	/Vor-			
zer-	/Zer-			
zu-	/Zu-			

b) Wie heißen die gesuchten Adjektive?

1. lädiert = _____
2. müde/kaputt = _____
3. gut Bescheid wissend = _____
4. schlau/gerissen = _____

IV.1 Wortbildung mit Vorsilben und Halbpräfixen

c) Welche Vorsilbe paßt? Manchmal ist das Substantiv das Subjekt, manchmal das Objekt. Bitte trage die Verben an der richtigen Stelle ein.

	A Subjekt + Verb	B Verb + Objekt
1 ein Wort		
2 Porzellan		
3 ein Medikament		
4 der Geigerzähler		
5 einen Ball		aufschlagen
6 ein Boxer		
7 ein Pferd		
8 ein Ei		
9 eine Scheibe		

d) Wie heißt das gesuchte Verb, das auf "-schlagen" endet?

1. eine Anregung geben = _____
2. jmdn. töten   = _____
3. etwas ablehnen   = _____

e) RÄTSELMÜHLRAD

Suche ein Wort, das auf "-schlag" endet, und trage seine Vorsilbe ein.

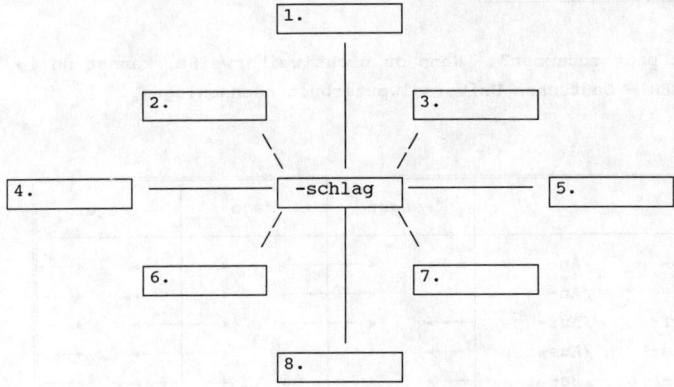

1. Aufpreis im Zug, 2. kleiner Raum, 3. Ermäßigung, 4. Preiserhöhung, 5. Extraportion, 6. Hautentzündung, 7. Attentat, 8. Idee.

f) Die folgenden Personen haben/machen einen Anschlag.
Was brauchen/verwenden sie dazu?

1. Klavierspieler: _____
2. Attentäter: _____
3. Sekretärin: _____
4. Schwimmer: _____
5. Plakatkleber: _____

Übung 10

```
-sagen/-sage/-sager
```

a) Was paßt zusammen? - Wenn du nicht weiterweißt, kannst du im DUDEN - Deutsches Universalwörterbuch nachschlagen.

		-sagen	-sage	-sager
ab-	/Ab-	→ ←	→ ←	→ ←
an-	/An-	→ ←	→ ←	→ ←
auf-	/Auf-	→ ←	→ ←	→ ←
aus-	/Aus-	→ ←	→ ←	→ ←
be-	/Be-	→ ←	→ ←	→ ←
ent-	/Ent-	→ ←	→ ←	→ ←
entgegen-	/Entgegen-	→ ←	→ ←	→ ←
er-	/Er-	→ ←	→ ←	→ ←
gegen-	/Gegen-	→ ←	→ ←	→ ←
mit-	/Mit-	→ ←	→ ←	→ ←
nach-	/Nach-	→ ←	→ ←	→ ←
über-	/Über-	→ ←	→ ←	→ ←
unter-	/Unter-	→ X ←	→ ←	→ ←
ver-	/Ver-	→ ←	→ ←	→ ←
vor-	/Vor-	→ ←	→ ←	→ ←
vorher-	/Vorher-	→ ←	→ ←	→ ←
zer-	/Zer-	→ ←	→ ←	→ ←
zu-	/Zu-	→ ←	→ ←	→ ←

b) Welches Verb paßt hier?

1. Seine Teilnahme _____
2. Ein Gedicht _____
3. Eine Radiosendung _____
4. Das Wetter _____
5. Jemandem etwas Übles _____
6. Sich bestimmte Dinge _____

c) Was macht die-/derjenige? Bitte benutze zur Erklärung Wörter auf "-sage".

1. Der Sprecher macht eine _____ .
2. Der "Wetterfrosch" macht eine _____ .
3. Der Zeuge macht eine _____ .

Übung 11

```
-lösen/-lösung/-löser
```

a) Was paßt zusammen?

	-lösen	-lösung	-löser
ab- /Ab-			
an- /An-			
auf- /Auf-			
aus- /Aus-			
be- /Be-			
ein- /Ein-			
ent- /Ent-			
er- /Er-	X		
her- /Her-			
hin- /Hin-			
mit- /Mit-			
nach- /Nach-			
ver- /Ver-			
vor- /Vor-			
zer- /Zer-			
zu- /Zu-			

b) Welches Verb, das auf "-lösen" endet, fehlt hier?
   ACHTUNG! Einmal fehlt die Vorsilbe!

   1. seinen Kollegen _____
   2. eine Tablette _____
   3. einen Schwerkranken von seinem Leiden _____
   4. ein Versprechen _____
   5. einen Zuschlag _____
   6. Fleischknochen _____

IV.1 Wortbildung mit Vorsilben und Halbpräfixen

7. ein Problem _____
8. einen Widerspruch _____
9. eine Geisel _____ .

Übung 12

```
-frieren
```

MUTTER und SOHN
Bei dem folgenden Gespräch zwischen Mutter (M) und Sohn (S) sind leider ein paar wichtige Wörter verlorengegangen. Kannst du sie einsetzen?
Hier sind die fehlenden Wörter:

erfrieren - durchfrieren - frieren - gefrieren - zufrieren

Und das ist das Gespräch:

M: Was ist denn mit dir los? Du zitterst ja!
S: Ich 1_____ so.
M: Kein Wunder, wenn du 2_____ bist.
Wie kann man nur bei 10° unter Null so lange draußen bleiben!
S: Ich wollte doch nur nach dem Vogel gucken, den ich neulich gefunden hatte.
M: Und? Was ist mit ihm?
S: Er hat sich nicht bewegt. Ich glaube, er ist 3_____ .
M: Kann sein. Er sah ja sowieso schon so krank aus!
S: Kann ich nachher Schlittschuh laufen?
M: Wo? Etwa auf dem See? Ist der denn auch ganz 4_____?
S: Klar! Wasser 5_____ doch schon bei 0°C.

IV.1 Wortbildung mit Vorsilben und Halbpräfixen

Übung 13

Wie heißt die Vorsilbe, die hier fehlt?

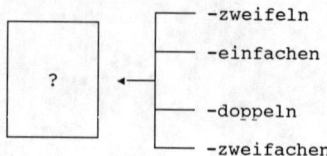

- -zweifeln
- -einfachen
- -doppeln
- -zweifachen

Übung 14

-fallen

a) Welche Vorsilbe paßt zu dem Verb "fallen"?

	-fallen
ab-	→ ←
an-	→ ←
auf-	→ ←
aus-	→ ←
be-	→ ←
ein-	→ ←
ent-	→ ←
ge-	→ ←
gegen-	→ ←

	-fallen
her-	→ ←
hin-	→ X ←
mit-	→ ←
nach-	→ ←
über-	→ ←
ver-	→ ←
vor-	→ ←
zer-	→ ←
zu-	→ ←

b) Welches Verb, das auf "-fallen" endet, fehlt hier?

1. Blätter _____
2. eine Person _____

IV.1 Wortbildung mit Vorsilben und Halbpräfixen

3. eine Tür _____
4. der Strom (Elektrizität) _____
5. Überstunden _____
6. Würmer _____
7. Fahrschein/Eintrittskarte _____

In allen Fällen sind die Substantive auch die Satzsubjekte.

c) Findest du für die folgenden Wörter ein anderes Wort mit "-fallen":

1. sich auflösen = _____
2. passieren   = _____
3. stürzen   = _____

Übung 15

a)

ab-	an-	auf-	ein-	ent-	er-
				-flammen	

Mit diesen Vorsilben soll hier in dieser Übung der <u>Beginn</u> ausgedrückt werden. Welche Vorsilben bekommen die folgenden Verben?

-blühen, -drehen, -flammen, -fliegen, -gehen, -klingen, -leuchten, -machen, -schalten, -springen, -tönen, -zünden.

Findest du noch weitere Beipiele?
Bitte trage sie dann auch gleich ein.

b) Was paßt zusammen, wenn man die unter a) gefundenen Wörter verwendet? Manchmal ist das Substantiv das Subjekt, manchmal das Objekt.
Bitte trage die Verben an der richtigen Stelle ein.

	A Subjekt + Verb	B Verb + Objekt
1 ein Streichholz		anzünden
2 das Licht	angehen	
3 die Blumen		
4 eine Melodie		
5 eine Lampe		
6 das Flugzeug		
7 der Motor		
8 das Wasser		
9 das Radio		

Übung 16

a)

ab-	auf-	aus-	er-	unter-	ver-
		-drehen			

Mit diesen Vorsilben soll hier in dieser Übung das <u>Ende</u> ausgedrückt werden. Welche Vorsilben bekommen die folgende Verben?

-blühen, -brauchen, -brechen, -drehen, -essen, -gehen, -löschen, -schalten, -stellen, -sterben.
Findest du noch weitere Beispiele?
Bitte trage sie dann auch gleich ein.

b) Was paßt zusammen, wenn man die unter a) gebildeten Wörter benutzt? Manchmal ist das Substantiv das Subjekt, manchmal das Objekt. Bitte trage die Verben an der richtigen Stelle ein.

	A Subjekt + Verb	B Verb + Objekt
1 eine Theaterprobe		
2 Vorräte		
3 das Radio		abdrehen
4 das Licht	verlöschen	
5 Blumen		
6 ein Gespräch		
7 die Sonne		
8 die Stimme		
9 Schokolade		
10 Wasserhahn		
11 die Blüte		
12 das Wasser		
13 die Zeit		

Übung 17

```
Hobby-
Amateur-
Liebhaber-
```

a)

Hobby-	Amateur-	Liebhaber-
-gärtner		

Bitte ordne nun die folgenden Substantive in die obige Tabelle ein.

-astronom, -boxer, -detektiv, -filmer, -forscher, -fotograf, -funker, -gärtner, -historiker, -koch, -orchester, -sportler.

b) Was bedeuten die Wortbildungselemente?

c) Manchmal gibt es mehr als eine Möglichkeit. Wie ändert sich dann der Sinn?

Findest du noch weitere Beispiele? Dann trage sie bitte auch gleich ein. Weitere Informationen zu den jeweiligen Stichwörtern kannst du im DUDEN-Bedeutungswörterbuch (2. Auflage 1985) finden. Viele Wörter dieser Art findest du besonders auch in Zeitungen und Zeitschriften. Achte doch einmal darauf!

Übung 18

> Chef-/Haupt-/Meister-/Ober-/Star-/Top-

Welche Wortbausteine gehören zusammen? Manchmal gibt es mehr als eine Möglichkeit.

	Chef- A	Haupt- B	Meister- C	Ober- D	Star- E	Top- F
1 -angeklagter						
2 -arzt						
3 -bürgermeister						
4 -darsteller						
5 -detektiv						
6 -dieb						
7 -erbe						
8 -förster						
9 -fotograf						
10 -ingenieur						
11 -kellner						
12 -koch						
13 -lektor						
14 -modell						
15 -person						
16 -redakteur	X					
17 -schütze						
18 -schwester						
19 -steward						

Übung 19

> Bomben-/Klasse-/Spitzen-/Super-/Top-/Traum-

Mit diesen Wortbildungselementen kann man das Basiswort auf emotionale Weise steigern. Welche Wörter gehören zusammen?

	Bomben- A	Klasse- B	Spitzen- C	Super- D	Top- E	Traum- F
1 -auto						
2 -bier						
3 -buch						
4 -erzeugnis						
5 -form						
6 -geschäft						
7 -haus						
8 -hit						
9 -hochzeit						
10 -job						X
11 -karriere						
12 -lage						
13 -leistung						
14 -qualität						
15 -rolle						
16 -stimmung						
17 -urlaub						
18 -villa						
19 -wein						

IV.2 Wortbildung mit Nachsilben und Halbsuffixen

Übung 20

```
-al/-ell
```

a) Welche Wörter enden auf "-al", welche auf "-ell", und bei welchen sind beide Endungen möglich? Bitte trage sie gleich in die Tabelle ein.

A -al	B -ell
	2

1. embryon-, 2. experiment-, 3. form-, 4. ide-, 5. inform-,
6. kollegi-, 7. krimin-, 8. person-, 9. ration-, 10. re-,
11. saison-.

b) Welche Bedeutungsunterschiede gibt es bei den Wörtern, die auf "-al" und "-ell" enden können?

Übung 21

a) Wie heißt die Verkleinerungsform zu den folgenden Substantiven? Da sich dabei das Basiswort manchmal ändert, sind in der folgenden Tabelle vier verschiedene Möglichkeiten zum Ankreuzen angegeben. Jede Rubrik beschreibt eine Bildung der Verkleinerungsform:

A: Anhängen von "-chen"
B: Umlaut und Anhängen von "-chen"
C: Entfernen des letzten Buchstabens und Anhängen von "-chen"
D: Umlaut, Entfernen des letzten Buchstabens und Anhängen von "-chen"

IV.2 Wortbildung mit Nachsilben und Halbsuffixen

	-chen A	ͧchen B	-∅chen C	ͧ∅chen D
1 Arm	→←	→←	→←	→←
2 Baum	→←	→←	→←	→←
3 Bier	→←	→←	→←	→←
4 Brot	→←	→←	→←	→←
5 Faust	→←	→←	→←	→←
6 Flasche	→←	→←	→←	→←
7 Frau	→←	→←	→←	→←
8 Hand	→←	→←	→←	→←
9 Haus	→←	→←	→←	→←
10 Katze	→←	→←	→←	→X←
11 Kind	→←	→←	→←	→←
12 Mann	→←	→←	→←	→←
13 Reform	→←	→←	→←	→←
14 Rippe	→←	→←	→←	→←
15 Schnur	→←	→←	→←	→←
16 Skandal	→←	→←	→←	→←
17 Tanne	→←	→←	→←	→←
18 Tisch	→←	→←	→←	→←
19 Wein	→←	→←	→←	→←
20 Wurst	→←	→←	→←	→←

b) Welche Wörter auf "-chen" haben eine selbständige Bedeutung?

c) Welche Wörter in der Verkleinerungsform fehlen hier?

   1. sich ins _____ lachen
   2. _____ halten
   3. Etwas geht wie am _____ .

d) Was bedeuten diese Redewendungen?

Übung 22

a) Wie heißt die weibliche Form zu den Wörtern in der Tabelle? Manchmal ändert sich dabei das Basiswort. Folgende Möglichkeiten der Bildung können angekreuzt werden:

A: Anhängen von "-in"
B: Umlaut und Anhängen von "-in"
C: Entfernen des letzten Buchstabens und Anhängen von "-in"
D: Umlaut, Entfernen des letzten Buchstabens und Anhängen von "-in"

	-in A	ᵘin B	-∅in C	ᵘ∅in D
1 Arzt				
2 Bauer				
3 Däne				
4 Franzose				
5 Ingenieur	X			
6 Norweger				
7 Türke				
8 Vertreter				

b) Und wie heißt die weibliche Form von Bürgermeister und Minister in der Anrede?

_____   _____

Übung 23

> -ig/-lich

a) Kannst du die fehlenden Endungen "-ig" oder "-lich" einsetzen?

1. Das Hotel ist ganzjähr____ geöffnet.
2. Einmal jähr____ fährt er zum Kongreß.
3. Der einstünd____ Flug von Köln nach Hamburg war weit weniger anstrengend als die fünfstünd____ Zugreise. Die Züge bieten aber insofern einen Vorteil, als sie im Gegensatz zum Flugzeug stünd____ verkehren.
4. Zu den Hauptverkehrszeiten fliegen stünd____ Maschinen von Frankfurt nach Berlin.
5. Durch den Nebel hat sich der normalerweise 60minüt____ Flug um eine weitere Stunde verlängert.
6. Der achtjähr____ Junge mußte allein fliegen.

b) Welche Bedeutung hat "-ig", welche "-lich" in diesen Texten?

Übung 24

-bank/-teria/-thek

a) Diese Wortbausteine haben alle etwas mit einem Ort zu tun, an dem man etwas Bestimmtes bekommen kann.

-bank: Stelle, bei der das im Bestimmungswort Genannte aufbewahrt ist und abgerufen werden kann
-teria: Ort, wo man das im Basiswort Genannte bekommt
-thek: Zusammenstellung von etwas, was sich auf das im ersten Wortbestandteil Genannte bezieht.

	A -bank	B -teria	C -thek
1 Biblio-	→ ←	→ ←	→ ←
2 Blut-	→ ←	→ ←	→ ←
3 Cafe-	→ ←	→ ←	→ ←
4 Daten-	→ ←	→ ←	→ ←
5 Dia-	→ ←	→ ←	→ ←
6 Disko-	→ ←	→ ←	→ ←
7 Hobby-	→ ←	→ ←	→ ←
8 Phono-	→ ←	→ ←	→ ←
9 Video-	→ ←	→ ←	→ X ←

b) Und was bekommt man/gibt es dort jeweils?

Übung 25

a) Wenn ein Gegenstand eine bestimmte Form hat, so nennt man den Begriff oder Gegenstand und hängt als Endung "-förmig" an.

BEISPIEL: | Kreis + -förmig = kreisförmig |

Wir haben hier ein paar Figuren aufgemalt. Du kannst jetzt versuchen, diese Gegenstände zu benennen (auf den Linien) und dann das passende Adjektiv dazu zu bilden.

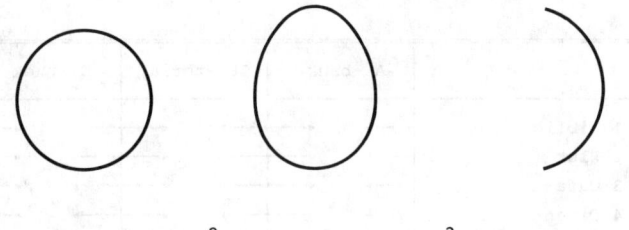

1. _____, 2. _____, 3. _____

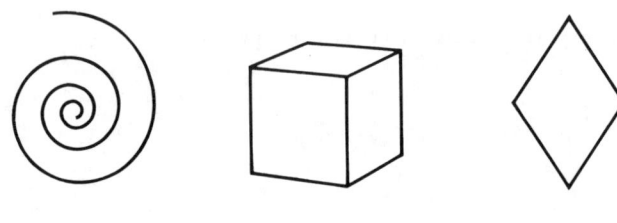

4. _____, 5. _____, 6. _____

IV.2 Wortbildung mit Nachsilben und Halbsuffixen 127

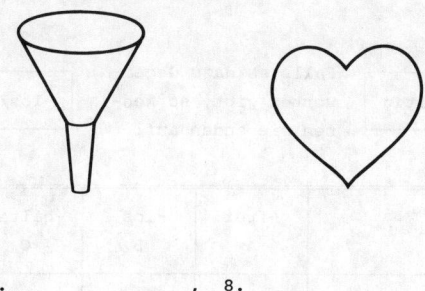

7. _____, 8. _____.

b) Und wie bezeichnet man jemanden oder etwas, der/die/das dick ist und keine richtigen Proportionen hat?

c) Manche Wörter, die eine Form beschreiben, bilden die Adjektive nicht auf "-förmig", sondern nur auf "-ig" oder "-isch". Findest du ein Beispiel/Beispiele dafür? Die beiden folgenden Figuren dienen als Hilfe.

1. _____ 2. _____

Findest du noch mehr Beispiele für bestimmte Formen?

IV.2 Wortbildung mit Nachsilben und Halbsuffixen

Übung 26

| -frei/-haltig | Falls es dazu Gegenwörter gibt, so können sie enden auf: | -los/-pflichtig |

a)

	-frei A	-los B	-haltig C	-pflichtig D
1 akzent-				
2 alkohol-				
3 arbeits-				
4 ärmel-				
5 atomwaffen-				
6 ausweg-				
7 bargeld-				
8 bart-				
9 blei-	X			
10 block-				
11 bügel-				
12 gebühren-				
13 gehör-				
14 jod-				
15 keim-				
16 knie-				
17 knitter-				
18 koffein-				
19 kreis-				
20 nikotin-				
21 obdach-				
22 rezept-				
23 schadstoff-				
24 schaffner-				
25 schul-				
26 schulter-				
27 steuer-				
28 vorlesungs-				

IV.2 Wortbildung mit Nachsilben und Halbsuffixen

b) Und nun ordne bitte die oben genannten Adjektive den folgenden Ausdrücken zu. (Zweimal wird ein substantiviertes Adjektiv gesucht.)

1. _____ Auto
2. _____ Deutsch
3. _____ Einkommen
4. _____heim
5. _____schule
6. _____ Getränke
7. _____ Kaffee
8. _____ Kleid
9. _____ Luft
10. _____ Mann
11. _____ Medikament
12. _____ Normalbenzin
13. _____ Samstag
14. _____ Situation
15. _____ Staaten
16. _____ Stadt
17. _____ Stoff
18. _____ Wochenende
19. _____ Zahlungsverkehr
20. _____ Zeit
21. _____ Zone

Übung 27

?

Welcher Wortteil fehlt hier?

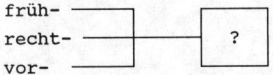

= früher als üblich oder nötig
= noch nicht zu spät
= vor einem bestimmten Zeitpunkt

Übung 28

-bereit

a) Die in den folgenden Sätzen gesuchten Wörter enden alle auf "-bereit". Wie heißen sie?

1. Mit den Autos kann man sofort losfahren. Sie sind _____.
2. In diesem Wohnwagen kannst du direkt schlafen gehen. Er ist _____.
3. Mit dieser Waffe kann man sofort schießen. Sie ist _____.
4. Die Feuerwehr kann man jederzeit rufen. Sie kommt sofort. Sie ist _____.
5. Die Maschinen kann man direkt in Betrieb nehmen. Sie sind _____.
6. Diese Konservenmahlzeit kannst du direkt verzehren/essen. Sie ist _____.
7. Diese Fahrzeuge können sofort zum Einsatz kommen. Sie sind _____.
8. Diese Mahlzeiten können sofort serviert werden. Sie sind _____.
9. Diese Menschen sprechen gern mit dir. Sie sind _____.
10. Diese Menschen helfen dir gern. Sie sind _____.

IV.2 Wortbildung mit Nachsilben und Halbsuffixen

b) Welche Wortart liegt den gefundenen Wörtern (als Basiswort) zugrunde? Bitte ordne sie in die folgende Tabelle ein.

Verb	Adjektiv	Substantiv
fahren (fahrbereit)		

Findest du noch mehr Beispiele? Dann schreibe sie am besten gleich dazu!

c) Was fällt dir bei der Wortbildung auf?

Übung 29

-arm/-frei/-leer/-los/-schwach

a) Alle diese Wortbildungselemente besagen, daß etwas wenig oder gar nicht vorhanden ist:
- -arm: wenig von dem im Basiswort Angegebenen habend, arm an ...
- -frei: nichts von dem im Basiswort Angegebenen habend, frei von ...
- -leer: ohne das im Basiswort Genannte
- -los: ohne das im Basiswort Genannte
- -schwach: das im Basiswort Genannte nur in geringem Maße besitzend.

IV.2 Wortbildung mit Nachsilben und Halbsuffixen

Bitte ordne nun die folgenden Wörter zu. Manchmal gibt es mehr als eine Möglichkeit.

	-arm A	-frei B	-leer C	-los D	-schwach E
1 arbeits-					
2 einkommens-					
3 fehler-					
4 fett-					
5 fleisch-					
6 geburten-					
7 gedanken-				X	
8 gefühl(s)-					
9 gehör-					
10 inhalts-					
11 kampf-					
12 kinder-					
13 schmerz-					
14 schnur-					
15 zweck-					

b) Was bedeuten die Wörter, die mit mehreren Wortbildungselementen zusammengesetzt werden können? Worin liegen die Unterschiede?

c) Welches Adjektiv paßt?

1. _____ Äußerung
2. _____ Diktat
3. _____ Ehepaar
4. _____ Eingriff
5. _____ Jahrgänge
6. _____ Kost
7. _____ Lehrer
8. _____ Patient
9. _____ Tag
10. _____ Operation
11. _____ Maßnahme
12. _____ Forschung

Übung 30

Welche Verben kann man mit den folgenden Farben/Farbtönen bilden?
Manchmal gibt es mehrere Möglichkeiten.

1. blaß: a) _____   b) _____   c) _____
2. braun: a) <u>bräunen</u>   b) _____   c) _____
3. gelb: a) _____   b) _____   c) _____
4. grau: a) _____   b) _____   c) _____
5. rot: a) _____   b) _____   c) _____
6. schwarz: a) _____   b) _____   c) _____
7. weiß: a) _____   b) _____   c) _____

Was bedeuten die Wörter?

Übung 31

Wie werden die Verben zu den folgenden Adjektiven gebildet? Oft muß noch eine Vorsilbe ergänzt werden.

	A -en	B -ern
1 arm		
2 dick		
3 dünn		
4 groß		
5 hoch		
6 klein		verkleinern
7 kurz	verkürzen	
8 lang		
9 langsam		
10 leicht		
11 niedrig		
12 roh		
13 schmal		
14 schön		
15 schwach		
16 schwer		
17 stark		

Übung 32

Zu der Mehrzahlendung "-en" gibt es verschiedene Einzahlendungen, z.B. "-um" (For<u>en</u> - For<u>um</u>). Hier sind noch weitere Beispiele:

1. Alben, 2. Atlanten, 3. Daten, 4. Daumen, 5. Foren, 6. Frauen, 7. Globen, 8. Marginalien, 9. Medien, 10. Museen, 11. Pasteten, 12. Pizzen, 13. Razzien, 14. Saunen, 15. Zentren.

Wie heißen die jeweiligen Endungen? Zu manchen Wörtern gibt es keine Singularform. Welche sind das?

Am besten, du schreibst die folgende Tabelle selbst weiter und trägst dann die Wörter ein.

-um	___	___	___
Album			

___	___	___

Findest du noch mehr Beispiele? Trage sie dann auch gleich in die Tabelle ein.

Übung 33

Bank

Dieses Wort hat zwei Bedeutungen und bildet je nach Bedeutung einen anderen Plural.
Kannst du die Wörter zuordnen?

	A -bänke	B -banken
1. Augen-		
2. Daten-		
3. Holz-	X	
4. Küchen-		
5. Organ-		
6. Park-		
7. Sitz-		

Übung 34

Wir haben hier einige Wörter auf "-a" zusammengestellt.
a) Sind sie Singular oder Plural? Bitte kreuze in der Tabelle an.
b) Wie heißen sie in der nicht angegebenen Form? Bitte schreibe die Form in die Tabelle.

	Singular	Plural	andere Form
1. Abstrakta			
2. Aroma			
3. Examina			
4. Komma			
5. Lexika		X	Lexikon
6. Minima			
7. Pizza			
8. Visa			

Übung 35

Wie heißt der Plural zu den Substantiven auf "-o"? Es gibt drei verschiedene Möglichkeiten (A - C). Wir haben sie in den Lösungen alphabetisch geordnet.
Welche Wörter bilden keinen Plural? (D)

	A	B	C	D
1. Auto				
2. Kasko				X
3. Konto				
4. Lotto				
5. Porto				
6. Risiko				
7.				
8.				

Findest du noch mehr Beispiele? Dann schreibe sie gleich in die Tabelle.

Übung 36

Wie heißt der Singular zu den Substantiven auf "-i"? Es gibt zwei Möglichkeiten (A und B). Wir haben sie in den Lösungen alphabetisch geordnet.

	A ___	B ___
1. Celli		
2. Numeri		
3. Porti		
4. Soli		
5. Tempi		

Kapitel V
Wörter und ihre Verbindungen

V.1 Begriffe, die zusammengehören

In den folgenden Übungen gehören immer zwei Substantive zusammen.

Zu jeder einzelnen Übung gibt es ein Beispiel. Die Wörter der einen Spalte sind durchnumeriert. Die Wörter der anderen Spalte sind durch Buchstaben gekennzeichnet. Zwei zusammengehörige Wörter sind durch die Zuordnung von einer Zahl und einem Buchstaben gekennzeichnet. Für Übung 1 ergibt sich z.B. folgende Zuordnung:

Wer	bekommt	was?
12 Rechtsanwalt	12 J	J Honorar

V.1 Begriffe, die zusammengehören

Übung 1

a) Hier gibt es manchmal mehr als eine Lösung.

Wer	bekommt	was?
1 Angestellter		A Miete
2 Arbeiter		B Lösegeld
3 Arzt		C Gage
4 Beamter im Ruhestand		D Spesen
5 Dienstreisender		E Stipendium
6 Erpresser		F Provision
7 Hausfrau		G Gehalt
8 Kind		H Haushaltsgeld
9 Kronprinz		I Taschengeld
10 Lehrer		J Honorar
11 Makler		K Pension
12 Rechtsanwalt	12 J	L Tagegeld
13 Rentner		M Rente
14 Schauspieler		N (Wehr)sold
15 Soldat		O Lohn
16 Student		P Apanage
17 Vermieter		Q Courtage

b) Und was haben alle? _____

c) Und was bekommst du? _____

d) Und was ist ein Hungerlohn? _____

e) SCHERZFRAGE:
   Wer verdient sein Geld am schnellsten? _____

V.1 Begriffe, die zusammengehören

Übung 2

a)

Wer	kommt	zu wem?
1 Klient		A Arzt
2 Kunde	2 C	B Makler
3 Mandant		C Metzger
4 Patient		D Rechtsanwalt

b) Wer/Was bist du? _____
   Zu wem gehst du? _____
   Wer kommt zu dir? _____

V.1 Begriffe, die zusammengehören

Übung 3

a)

Wer	arbeitet	wo?
1 Angestellte		A Studio
2 Animateurin		B Kanzlei
3 Ärztin		C Bus
4 Architekt		D Büro
5 Beamter	5 F	E Praxis
6 Chirurg		F Behörde
7 Filmstar		G Geschäft
8 Flugkapitän		H Cockpit
9 Friseur		I Salon
10 Lehrerin		J Operationssaal
11 Maurer		K Labor
12 MTA[1]		L Bühne
13 Professor		M Ferienklub
14 Rechtsanwältin		N Universität
15 Reiseleiter		O Klassenzimmer
16 Schauspieler		P Bau[stelle]
17 Toningenieur		Q Theater
18 Verkäuferin		R Schule

Findest du noch andere Beispiele?

b) Was ist im folgenden Gespräch falsch?

TELEFONGESPRÄCH MIT EINEM ZAHNARZT (P = Patient):

P: Guten Tag, Herr Doktor. Ich habe ja solche Zahnschmerzen. Kann ich morgen in Ihr Geschäft kommen?

Wie muß es richtig heißen? _____

---

[1] MTA = medizinisch-technische Assistentin

c) Und was bist du von Beruf? _____
   Wo arbeitest du? _____

d) SCHERZFRAGE
   Welche Frau paßt am besten zu einem Chirurgen? _____

Übung 4

a) Welche Arbeitszeiten gehören zu welchen Personen?

Wer	hat	welche Arbeitszeit?
1 Arbeiter	1 E	A Unterrichtsstunden
2 Arzt		B Gleitzeit
3 Büroangestellte		C Deputat
4 Lehrer		D Sprechstunde
5 Schüler		E Schicht

b) Und wie heißen deine Arbeitszeiten? _____

Übung 5

a) Welches Verkehrsmittel hält/parkt wo?

Verkehrsmittel	Wo es halten kann	Wo es parken kann
1 Auto	a Anleger	A Terminal
2 Bus	b Haltestelle	B Garage
3 Flugzeug	c Bahnhof	C Hafen
4 Schiff	d Flughafen	D Depot
5 Straßenbahn	e Parkplatz	E Abstellgleis
6 Zug		F Hangar

V.1 Begriffe, die zusammengehören

b) Und wohin kommt ein schrottreifes Auto? _____

c) In welchen Hafen kann kein Schiff einlaufen? _____

d) Und was ist eine Laternengarage? _____

e) Womit fährst du oft? Wo kann dieses Verkehrsmittel halten/ parken? _____

Übung 6

a) Welche Personen können welches Arbeitsmaterial/-zubehör gebrauchen? Zu welchen Personen gehören welche Produkte/Ziele?

Beruf	Arbeitsmaterial	Ziele/Produkte
1 Architekt	a Zauberstab	A Plombe/Brücke
2 Automechaniker	b Druckmaschine/ Manuskript	B Film
3 Autor/ Schriftsteller	c Sprache/ Wortschatz	C Tonbildschau/ Kassette
4 Bäcker	d Schreibsystem	D Wörterbuch
5 Chemiker	e Mischpult	E Zauberei/ Zauberkunststück
6 Fotograf	f Reißbrett	F Analyse
7 Informatiker	g Staffelei	G Projektskizze/ Gebäude
8 Lehrer	h Werkzeug	H Reparatur
9 Lexikograph	i Overheadprojektor	I Briefe/ Manuskripte
10 Maler	j Kamera	J Brötchen
11 Regisseur	k Computer	K Buch
12 Sekretärin	l Backofen/Teig	L Software
13 Toningenieur	m Bohrer/Zange	M (Aus)bildung
14 Verleger	n Reagenzglas	N Bild
15 Zahnarzt	o Schreibmaschine	O Manu-/Typoskript
16 Zauberer		P Foto/Bild

Findest du noch andere Berufe?

b) Und was bedeutet "kleine Brötchen backen"? _____

c) Und was bist du von Beruf (was willst du werden)? Was brauchst du dazu? Welches Produkt stellst du her, bzw. welches Ziel hat deine Arbeit? Welches ist dein Traumberuf? Was brauchst du dann, und was würdest du herstellen?

d) SCHERZFRAGE:
Und wer muß bei seiner Arbeit mehr aufpassen und warum? Der Maler oder der Chirurg? _____

Übung 7

a)

Wer	trägt	welche Kopfbedeckung?
1 Bankräuber		A Mitra
2 Bischof	2 A	B Hut
3 Dame		C Helm
4 Karnevalist		D Käppi
5 Königin		E Barett
6 Motorradfahrer		F Krone
7 Skiläufer		G Strumpfmaske
8 Soldat		H (Pudel)mütze
9 Stewardeß		I Sturzhelm
		J Narrenkappe

b) Findest du noch weitere Beispiele?
Trägst du manchmal eine Kopfbedeckung? Welche?

Übung 8

a) Das geht doch wirklich zu weit! Das geht doch höchstens zu Karneval! Oder?

Wer	trägt	was?
1 Der Mönch		A einen Strampelanzug
2 Der Offizier		B einen Bodystocking
3 Der Teenager		C eine Kutte
4 Der Priester		D ein Umstandskleid
5 Der Arzt		E einen Talar
6 Die Hausfrau		F einen Overall
7 Die Österreicherin		G einen Sari
8 Der Afrikaner		H Lederhosen
9 Der Bayer		I eine Toga/Tunika
10 Die Inderin		J einen Lendenschurz
11 Die werdende Mutter		K einen Jogginganzug
12 Das Baby		L ein Dirndl
13 Der Jogger	13 K	M eine Uniform
14 Die Japanerin		N eine Tracht
15 Der Römer		O einen Kimono
16 Der Handwerker		P einen Kittel
17 Die Stewardeß		Q nur eine Schürze

Und was tragen diese Personen normalerweise? (z.B. Jogger-Jogginganzug)

b) Was für ein Kostüm möchtest du zum Karneval/zu Fasching/zu Fastnacht tragen?
Findest du noch weitere Beispiele?
Und was trägst du selbst gerne?

c) Und was ist ein "blauer Anton"?

   A: ein Betrunkener
   B: ein Arbeitsanzug
   C: eine Pflanze.

Übung 9

a)

Wer	ißt	wo?
1 Angestellter		A Kantine
2 Geschäftsmann	2 G	B Messe
3 Nonne		C Refektorium
4 Offizier		D Mensa
5 Reisender		E Kasino
6 Schiffsbesatzung		F Speisewagen
7 Student		G Restaurant

b) Fällt dir noch mehr ein? Wo ißt du?

V.1 Begriffe, die zusammengehören 153

Übung 10

a) In der folgenden Übungstabelle gibt es manchmal mehr als eine Lösung.

Was	trinkt man	woraus?
1 Bier		A Tasse
2 Bowle		B Krug
3 Cognac	3 G	C Kelch
4 Kaffee		D Schale
5 Saft		E Becher
6 Sekt		F Schwenker
7 Tee		G Glas

b)

Wer	trinkt	woraus?
1 Baby		A Thermosflasche
2 Busfahrer		B Schnabeltasse
3 Kranker		C Fläschchen

c) Eine Tasse steht auf einer Untertasse. Und ein Glas?

$$\frac{\text{Tasse}}{\text{Untertasse}} = \frac{\text{Glas}}{?}$$

d) Findest du noch weitere Beispiele? Was trinkst du meistens und woraus?

Übung 11

a) Findest du die gesuchten Begriffe? Dann trage sie bitte in der rechten Spalte der Übungstabelle ein.

Wer Was	benutzt braucht	welche Bahn? welche Bahn?
1 Auto		Fahrbahn
2 Kegler		
3 Leichtathlet		
4 Raumfahrzeug		
5 Schlittenfahrer		
6 Schlittschuhläufer		
7 Schneider		

b) SCHERZFRAGE
   Und der Karrierist? _____

c) 1. Worauf fährt die Straßenbahn? _____
   2. Und worauf die Eisenbahn? _____

Übung 12

a) Hier hat jemand lange nicht aufgeräumt. Alles ist durcheinandergeraten. Kannst du aufräumen helfen? Manchmal gibt es mehr als eine Möglichkeit.

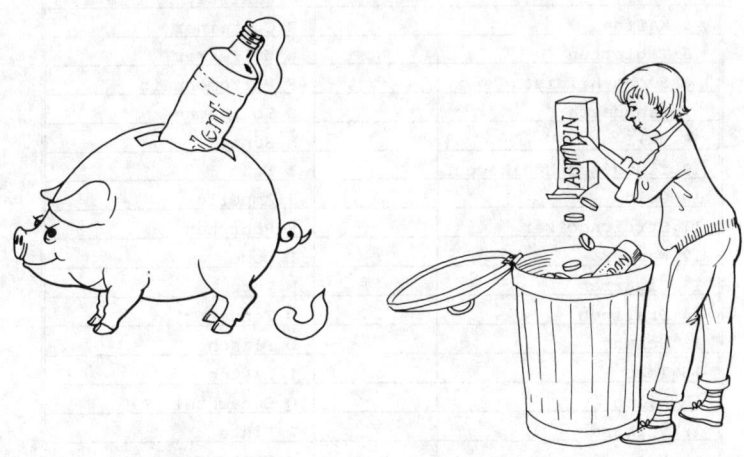

V.1 Begriffe, die zusammengehören

Was	befindet sich	in welchem Behälter?
1 Benzin	1 C	A Kessel
2 Abfall		B Reservoir
3 Bier		C Kanister
4 Kaffee		D Container
5 Tabletten		E Mülleimer
6 Büchsenfleisch		F Portemonnaie
7 Zahnpasta		G Sparbüchse
8 Müll		H Kanne
9 flüssiges Medikament		I Faß
10 Geld		J Ampulle
11 Streichhölzer		K Röhrchen
12 Wasser		L Dose
13 Zigarren		M Tube
14 Pralinen		N Tonne
15 Schuhe		O Flasche
16 Tee		P Kasten
17 Milch		Q Schachtel
18 Verband		R Kiste
19 Hut		S Karton
20 Wein		T Tank
21 Laune		U Eimer

b) Ich hoffe, nach dieser Übung ist deine Stimmung nicht "im Eimer". - Was bedeutet das eigentlich? _____

c) Und was bewahrst du wo auf?

Übung 13

a) Findest du die gesuchten Begriffe? Dann trage sie bitte in der rechten Spalte der Übungstabelle ein.

Wo	gibt es	welche Art Scheiben/Fenster?
1 alte Häuser		
2 Auto		
3 Dachatelier		
4 Herd		
5 Laden		
6 Mansarde		Dachluke
7 Schiff		
8 Tür		
9 Waschmaschine		

b) Und aus welchem Fenster guckst du? _____

Übung 14

KRANKHEITEN

Nehmen wir einmal an, du hast starke Bauchschmerzen. Zu welchem Fachmann gehst du? Z.B. zum Internisten, zum Hausarzt, zum Chirurgen. Und zu wem gehst du, wenn du folgendes Problem hast?

Bei welchem Problem	geht man	zu welchem Fachmann?
1 Ausschlag		Hautarzt
2 Blinddarmentzündung		
3 Erkältung		
4 Geschwulst, Krebserkrankungen		
5 Hämorrhoiden		
6 herausgefallene Zahnfüllung		
7 Herzschmerzen		
8 Rückenschmerzen		
9 Schmerzen beim Wasserlassen		
10 Schmerzen im Bauch		
11 Sehschwäche		
12 Stauchung eines Arms		
13 wenn du am Sonntag starke Schmerzen bekommst		
14 wenn eine Frau ein Kind erwartet		
15 wenn ein Körperteil durchleuchtet werden soll		
16 wenn du Beschwerden hast, aber keine chem. Medikamente einnehmen willst		

Übung 15

a) Wer würde deiner Meinung nach wo wohnen? Und warum?
   Es gibt natürlich überall verschiedene Möglichkeiten.

Wer	wohnt	wo?
1 Kranker		A Appartement
2 Single		B Penthousewohnung
3 Familie mit (2) Kindern		C Maisonettewohnung
4 Geschäftsmann		D Doppelhaushälfte
5 Urlauber		E Mansarde
6 Playboy		F Atelier
7 Künstler		G Studio
8 Ehepaar		H Einliegerwohnung
9 Student	9A/E/K/L/P	I Reihenhaus
10 Diogenes		J Wohnung des sozialen Wohnungsbaus
11 du		K separates Zimmer
12 dein(e) Freund(in)		L Wohngemeinschft (WG)
13		M Tonne
14		N Heim
15		O Mietwohnung
16		P Studentenwohnheim
17		Q Ferienwohnung, -haus

b) Wie und wo möchtest du wohnen? Warum? _____

Übung 16

Wer/Was	ist	in welcher Gruppe tätig?
1 Abgeordnete		A Ensemble
2 Angestellte(r)		B Team
3 Arbeiter in der DDR		C Quartett
4 Banken		D Gemeinschaft
5 Fans	5 G	E Parlament
6 Flugpersonal		F Klasse
7 Fußballer		G Fanklub
8 Lehrer		H Brigade/Kollektiv
9 zwei Musiker		I Elf/Mannschaft
10 drei Musiker		J Chor
11 vier Musiker		K Kollegium
12 Religionsangehörige		L Duo
13 Sänger		M Gremium/Ausschuß
14 drei Sänger		N Trio
15 Schauspieler		O Konsortium
16 Schüler		P Terzett
17 Spezialisten/Fachleute		Q Crew

V.1 Begriffe, die zusammengehören

Übung 17

a) Hier hat jemand alles verwechselt. Kannst du helfen?

Wer/Was	braucht/hat	welchen Schutz?
1 Motorradfahrer		A Windel
2 Haus eines Millionärs		B Strahlenschutz
3 Chirurg		C kugelsichere Weste
4 Möbelpacker		D Mundschutz
5 Hund		E Alarmanlage
6 Schweißer	6 G	F Gurt
7 Röntgenassistentin		G Schweißbrille
8 Polizist		H Handschuhe
9 Baby		I Maulkorb
10 Skiläufer		J Sturzhelm
11 Autofahrer		K Schutzschild
12 Doppelagent		L Sonnenbrille

b) Eins der Paare ist scherzhaft gemeint. Welches? _____

c) Und welchen Schutz hast/brauchst du? _____

V.1 Begriffe, die zusammengehören

Übung 18

a)

Wer	hält was	vor wem?
1 Bürgermeister	a Monolog	
2 Pfarrer	b Rede	
3 Politiker	c Referat	
4 Professor	d Vorlesung	
5 Schauspieler	e Ansprache	Bürger
6 Student	f Predigt	

Findest du noch mehr?

b) Und womit hast du zu tun?

c) SCHERZFRAGE:
Wer kommt in den Himmel? Der Pfarrer oder der Busfahrer?

Übung 19

a) Weißt du, wo die einzelnen Tiere hausen oder sich aufhalten? Manchmal gibt es auch mehr als eine Bezeichnung dafür. Bitte ordne die folgenden Wörter zu.

Welches Tier	haust/ befindet sich	wo?
1 Adler		A Aquarium
2 Ameise		B Bau
3 Biene		C Loch
4 Fisch		D Horst
5 Fuchs		E Hügel
6 Hund	6F	F Hütte
7 Katze		G Käfig
8 Kuh		H Korb
9 Maulwurf		I Nest
10 Maus		J Netz
11 Ziege		K Schlag
12 Spinne		L See
13 Taube		M Stall
14 Vogel		N Stock
15 Wespe		O Meer
16 Wolf		

Findest du noch mehr Beispiele? - Dann ordne sie bitte auch gleich zu.

b) Hast du ein Tier zu Hause? Wo hält es sich auf? _____

V.1 Begriffe, die zusammengehören

Übung 20

Was	kann man	wo hören/sehen?
1 Bilder		A Radio
2 Film	2 F	B Konzert
3 Hörspiel		C Theater
4 Musik		D Ausstellung
5 Schauspiel		E Fernsehen
6 Spielfilm		F Kino

Übung 21

a) Was kauft/benutzt man in welchen Mengen?

In welchen Mengen In welchen Mengen	kauft man benutzt man	was? was?
1 Dose		A Cognac
2 Kopf		B Gemüse
3 100g		C Knoblauch
4 Messerspitze		D Worcestersauce
5 Prise		E Salat
6 Scheibe		F Salz
7 Schuß		G Schinken
8 Spritzer	8 D	H Kuchen
9 Stück		I Zucker
10 Zehe		J Käse

b) Findest du noch weitere Beispiele? - Was kaufst du morgen ein?
Welches Rezept magst du gern? - Welche Zutaten braucht man dazu? - Und welche Mengen?

Übung 22

a) In der folgenden Tabelle haben wir einige Artikel aufgelistet, die wir einkaufen möchten. Die rechte Spalte bietet verschiedene Möglichkeiten, wo wir diese Artikel einkaufen können. Was paßt zusammen?

Was	kann man	wo kaufen?
1 Briefmarken		A Bäcker
2 Brot		B Boutique
3 Buch	3C	C Buchhandlung
4 Fleisch		D Drogerie
5 Kleidung		E Haushaltsgeschäft
6 Lebensmittel		F Juwelier
7 Möbel		G Kiosk
8 Nagellack		H Metzger/Fleischer
9 Putzmittel		I Mitnahmemarkt
10 Radio		J Parfumerie
11 Schmuck		K Phonogeschäft
12 Schüssel		L Post
13 Ski		M Schuhgeschäft
14 Stiefel		N Sportgeschäft
15 Zeitungen		O Supermarkt

b) Und was kaufst du wo?

c) Und wo kann man <u>alles</u> kaufen? _____

Übung 23

Wofür	bekommt man	was?
1 Aktien		A Leihgebühr
2 Fahrrad		B Gebühr
3 Kapitalanlage		C Miete
4 Lokalbesitz	4 E	D Dividende
5 Prospekte		E Pacht
6 Rundfunk		F Rendite
7 Spareinlage		G Schutzgebühr
8 Strandkorbverleih		H Zinsen

Übung 24

So geht das aber nicht! Wie ist es richtig?

Wer	trinkt	was?
1 Baby	1 B	A Alkohol
2 Trinker		B Milch
3 Vampir		C Fruchtsäfte
4 Vegetarier		D Blut

Übung 25

Manche Tiere liefern uns bestimmte Produkte. Kannst du aufschreiben, welches Tier was liefert?

1. Auster: _____
2. Fisch: _____
3. Gans: _____
4. Henne: _____
5. Kuh: _____
6. Schaf: _____
7. Ziege: _____

Übung 26

Wie es am See ein Ufer gibt, so gibt es am Meer einen Strand. Das können wir auch so schreiben:

$$\frac{See}{Ufer} = \frac{Meer}{Strand}$$

Bei den folgenden Begriffen gibt es immer mindestens eine Lücke. Kannst du sie füllen?

1. $\dfrac{Berg}{Gipfel} = \dfrac{Baum}{?}$

2. $\dfrac{Sommer}{Regen} = \dfrac{Winter}{?}$

3. $\dfrac{Bauernhaus}{Menschen} = \dfrac{Scheune}{?}$

V.1 Begriffe, die zusammengehören

4. $\dfrac{\text{Tante-Emma-Laden}}{\text{Bedienung}} = \dfrac{\text{Supermarkt}}{?}$

5. $\dfrac{?}{\text{Refektorium}} = \dfrac{\text{Offiziersmesse}}{\text{Kasino}} = \dfrac{\text{Universität}}{?}$

6. $\dfrac{\text{Mensch}}{\text{Arme}} = \dfrac{\text{Vogel}}{?} = \dfrac{\text{Fisch}}{?}$

7. $\dfrac{\text{Katze}}{\text{miau}} = \dfrac{?}{\text{iah}} = \dfrac{?}{\text{wau, wau}}$

8. $\dfrac{\text{Auto}}{\text{fahren}} = \dfrac{\text{Flugzeug}}{?}$

9. $\dfrac{\text{Haus}}{\text{bauen}} = \dfrac{\text{Park}}{?}$

Übung 27

a) Wie nennt man die Urheber der folgenden Verbrechen? Wie nennt man das jeweilige Verbrechen? Bitte trage die Wörter ein, die zu den Verbrechern (a - i) gehören.

V.1 Begriffe, die zusammengehören

Welches Verbrechen	verübt wer	und wie heißt es?
1 Tötung eines Menschen und Aneignen von dessen Besitz	a Attentäter	
2 Heimliches Entwenden von fremdem Eigentum	b Delinquent	
3 Mit Gewalt unter Druck setzen	c Dieb	
4 Tötung eines Menschen	d Einbrecher	
5 Straftat, z.B. aus einem sexuellen Bedürfnis heraus	e Entführer/ Kidnapper	
6 Gewaltsames Wegbringen von Personen an einen anderen Ort	f Erpresser	
7 Verstoß gegen die Straßenverkehrsordnung	g Mörder	
8 Anschlag auf eine im öffentlichen Leben stehende Persönlichkeit	h Raubmörder	
9 Gewaltsames Eindringen in ein Gebäude, um etwas zu stehlen	i Triebtäter	

b) SCHERZFRAGE:
Und was ist das?
Vom Instinkt gesteuerter sexueller Antrieb   +   Teil eines Zuges = _____

Übung 28

a) Welches Substantiv paßt zu welchem Verb?
   Manchmal gibt es mehr als eine Möglichkeit.

Welches Substantiv	paßt	zu welchem Verb?
1 Anschrift		A aufkleben
2 Aufschrift		B entziffern
3 Inschrift		C fälschen
4 Schrift	4B	D angeben
5 Überschrift		E gravieren/einritzen
6 Unterschrift		F tragen

b) Zu welchem Substantiv passen die Verben?

Zu welchem Substantiv	passen	die Verben?
1 Anschrift	1D	A beglaubigen lassen, fälschen, geben, leisten, tragen
2 Schrift		B haben, lauten, tragen
3 Überschrift		C haben, verfassen, veröffentlichen, verstellen, verwenden
4 Unterschrift		D angeben, lauten

c) In einem Fall ist das Substantiv Subjekt. Wo? _____

Übung 29

a) Passen alle Verben zu dem Substantiv, oder ist eins falsch?

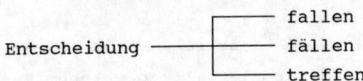

b) Was bedeuten die richtigen Verbindungen?
   Bilde zu jeder möglichen Verbindung je einen Beispielsatz!

Übung 30

Die folgenden Verben drücken alle eine Änderung der ursprünglichen Form/des ursprünglichen Zustands aus. Zu welchem Substantiv passen sie?

Welches Substantiv	paßt	zu welchem Verb?
1 Auto		A auslatschen
2 Brille		B sich ausleiern
3 Glas		C einschlagen
4 Gummiband		D verbiegen
5 Schädel		E verbeulen
6 Scheibe		F zerschlagen
7 Schuhe		

Übung 31

Die folgenden Substantive haben alle mit "Feuer" zu tun. Welches Verb gehört jeweils dazu?

Welches Substantiv	paßt	zu welchem Verb?
1 Feuer		A geraten
2 in Brand		B stehen
3 in Flammen		C fangen

Übung 32

Wie telefoniert man von einer Telefonzelle aus? Bitte ordne die Verben zu.

Welches Substantiv	paßt	zu welchem Verb?
1 Hörer		A einwerfen
2 Freizeichen		B abnehmen
3 Münzen		C führen
4 Nummer		D abwarten
5 Telefonat		E auflegen
6 Hörer		F wählen

V.2 Wörter, die zusammengehören

Übung 33

a) Welche Wörter passen zusammen, wenn man sie mit "und" verbindet?

Welches Substantiv	paßt	zu welchem Substantiv?
1 Ach		A Tor
2 Glanz		B Trompeten
3 Haus		C Blasen
4 Himmel		D Maus
5 Hopfen		E Hölle
6 Kind		F Fall
7 Knall		G Krach
8 Kopf		H Hof
9 Mann		I Kegel
10 Pauken		J Stein
11 Schloß		K Kragen
12 Stock		L Riegel
13 Tür		M Gloria
14 Tuten		N Malz
		O Menschen

b) Kannst du die oben genannten Wörter auch richtig gebrauchen? Dann ergänze bitte die folgenden Sätze.

1. Er geht immer mit _____ und _____ auf Reisen.
2. Bei diesem Überholmanöver riskierte er _____ und _____
3. Bei ihm ist _____ und _____ verloren.
4. Das Schiff ist mit _____ und _____ untergegangen.
5. Im Kasino hat er _____ und _____ verspielt.
6. Sie hat von _____ und _____ keine Ahnung.
7. Beim Oktoberfest sind in München _____ und _____ unterwegs.

V.2 Wörter, die zusammengehören

8. Sie würde _____ und _____ in Bewegung setzen, um ihr Ziel zu erreichen.
9. Sie sind über _____ und _____ gewandert.
10. Er hat die Prüfung mit _____ und _____ bestanden.
11. Sie ist mit _____ und _____ bei der Prüfung durchgefallen.
12. Er wurde _____ und _____ entlassen.
13. So wird dem Drogenmißbrauch _____ und _____ geöffnet.
14. Eine Sonderkommission soll die Entführer der Kinder des Drogeriekettenbesitzers hinter _____ und _____ bringen.

Hattest du Probleme, die Wörter zu ergänzen? Dann hilft dir das DUDEN-Universalwörterbuch weiter. Dort erfährst du auch, was diese Redewendungen bedeuten.

Übung 34

a) Was tut der Autofahrer?

Welches Substantiv	paßt zu	welchem Verb?
1 die Tür		A kommen lassen
2 den Gurt		B einlegen
3 den Zündschlüssel		C umdrehen
4 die Kupplung		D öffnen
5 den Gang		E anlegen
6 Gas		F treten
7 die Kupplung		G reinigen
8 die Handbremse		H zurechtrücken
9 den Sitz		I fahren
10 den Spiegel		J einstellen
11 die Scheiben		K geben
12 mit Bleifuß		L lösen

b) Etwas sollte er besser nicht tun. Was? _____

Übung 35

Bank

Was kann man alles auf der Bank tun?

A Geld	B Kredit	C Dauerauftrag	D Konto	E Scheck

1. auflösen, 2. aufnehmen, 3. aussetzen, 4. einlösen, 5. einzahlen, 6. eröffnen, 7. erteilen, 8. geben, 9. gutschreiben lassen, 10. löschen, 11. stornieren, 12. überweisen, 13. überziehen, 14. umtauschen, 15. zurückzahlen.

Übung 36

Wann spricht man eigentlich von einem Dachverband?

Wenn
1. eine Wunde mit weichem Stoff in der Form eines Daches zugedeckt ist
2. sich ein Gerüst an einem Haus befindet, dessen oberes Ende repariert werden muß
3. es sich um die Kopforganisation einer Reihe von Firmen/Gesellschaften handelt.

Übung 37

Was ist eigentlich ein "Hirtenbrief"?
Kreuze bitte die richtige Definition an!

1. Wer hat ihn geschrieben?
   A) ein Schäfer
   B) ein Pfarrer
   C) ein Bischof

2. Wo wird er gelesen?
   A) in der Kirche
   B) in der freien Natur

3. Von wem wird er gelesen?
   A) Pfarrer
   B) Bischof
   C) Schäfer
   D) Gemeinde

4. An wen ist er gerichtet?
   A) An die Kirche
   B) An die Gemeinde
   C) An die Hirten

5. Welchen Inhalt hat er?
   A) religiöse Probleme
   B) Probleme der Hirten

Wenn du die richtigen Lösungen gefunden hast, kannst du jetzt mit ihrer Hilfe eine Definition des Wortes "Hirtenbrief" schreiben, ähnlich wie man sie im Wörterbuch findet. Willst du das einmal probieren?

Übung 38

Damen-/Frauen-

Welcher Wortteil fehlt?

	A Damen-	B Frauen-
1 -arzt		
2 -bart		
3 -fahrrad		
4 -gefängnis		X
5 -haus		
6 -krankheit		
7 -station		
8 -toilette		
9 -unterwäsche		
10 -wahl		
11 -wahlrecht		
12 -zimmer		

V.3 Zusammengesetzte Wörter

Übung 39

a) Manche der folgenden Wörter lassen sich mit "Damen-", manche mit "Herren-" und einige mit "Damen-" oder "Herren-" zusammensetzen. Kannst du die Wörter zuordnen?

damen- Damen-	damen-/herren- Damen-/Herren-	herren- Herren-
17. -kränzchen	2. -begleitung	9. -gedeck

Und hier sind die Wörter:

1. -badeanzug, 2. -begleitung, 3. -bekanntschaft, 4. -besuch, 5. -binde, 6. -bluse, 7. -doppel, 8. -fahrrad, 9. -gedeck, 10. -haft, 11. -handtasche, 12. -hemd, 13. -hut, 14. -jahre, 15. -kapelle, 16. -kleid, 17. -kränzchen, 18. -los, 19. -magazin, 20. -mantel, 21. -partie, 22. -rede, 23. -salon, 24. -schnitt, 25. -toilette, 26. -torte, 27. -wahl, 28. -witz.

b) Kannst du angeben, in welchem Fall die Wörter "Damen-" und "Herren-" zugeordnet werden und wann nur dem einen oder dem anderen?

c) Was fällt dir auf, wenn du das Wort "Damenwahl" mit den Wörtern "Königswahl", "Präsidentenwahl" vergleichst?

d) Versuche nun, weitere Wörter zu finden, die man mit "Damen" und/oder "Herren" zusammensetzen kann.

Übung 40

DIE WÖRTERGONDEL

a) Im Mittelpunkt dieser Gondel steht ein Wort, das mit den Wörtern, die unten aufgelistet sind, zusammengesetzt werden kann. Verteile die Wörter auf die Gondeln (überlege dabei bitte auch, ob nicht manche Wörter in beide Gondeln passen). Findest du noch weitere Wörter, um die noch freien Gondelplätze zu füllen?

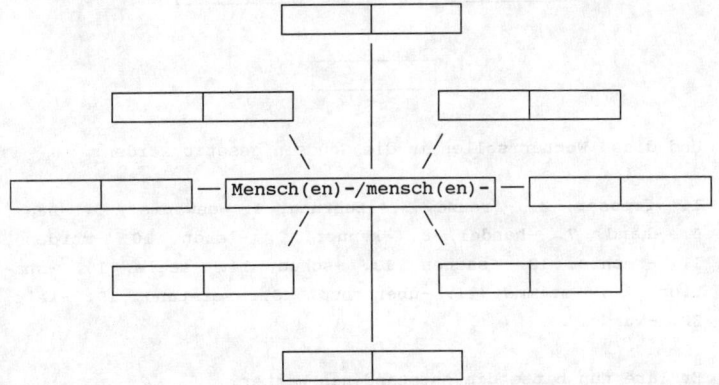

V.3 Zusammengesetzte Wörter

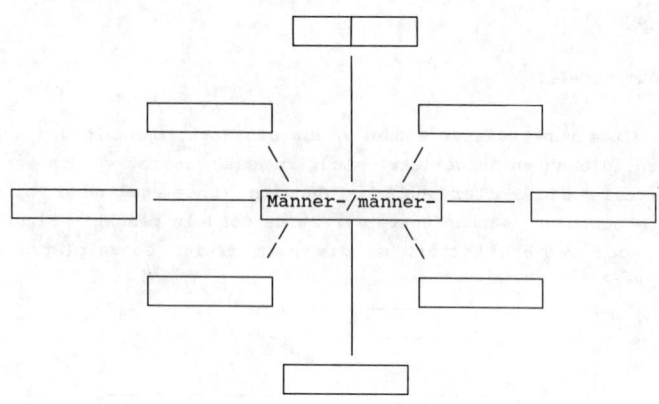

Und diese Wörter sollen in die Gondeln gesetzt werden:

1. -fresser, 2. -freund, 3. -führung, 4. -gewimmel, 5. -haar,
6. -hand, 7. -handel, 8. -kenner, 9. -leben, 10. -mordend,
11. -rechte, 12. -sachen, 13. -scheu, 14. -seele, 15. -station, 16. -stimme, 17. -überschuß, 18. -verstand, 19. -welt,
20. -würde.

b) Erkläre nun bitte die entstandenen Wörter.

Übung 41

Kind-/Kinder-/Kindes-Kinds-

a) Bitte ordne die Wörter zu. Manchmal gibt es mehr als eine Möglichkeit.

kind- Kind-	kinder- Kinder-	kindes- Kindes-	kinds- Kinds-

1. -alter, 2. -arzt, 3. -beine, 4. -bett, 5. -bild, 6. -dorf, 7. -entführung, 8. -frau, 9. -freundlich, 10. -gemäß, 11. -haft, 12. -kind, 13. -kopf, 14. -kopfgroß, 15. -krankheit, 16. -leicht, 17. -paradies, 18. -reich, 19. -sachen, 20. -taufe, 21. -teller, 22. -vater, 23. -wagen.

b) Was bedeuten die Wörter?
c) Findest du noch mehr Beispiele?
   Dann ordne sie bitte auch gleich zu.

d) SCHERZFRAGE

Du weißt, daß es einen Schneemann gibt. Aber weißt du auch, daß es eine Schneefrau und ein Schneekind geben muß? - Rate mal, warum!

Übung 42

In der folgenden Übung halten sich die Personen alle nur vorübergehend an dem genannten Ort auf, sind dort quasi nur als Gast. Wie nennt man sie?

V.3 Zusammengesetzte Wörter

1. Jemand, der regelmäßig in dieselbe Kneipe geht. _____
2. Jemand, der bei einer Veranstaltung nicht zahlt und nur von weitem zuschaut. _____
3. Jemand, der mit Bus oder Bahn fährt. _____
4. Jemand, der das Flugzeug nimmt. _____
5. Jemand, der mit einem Schiff fährt. _____
6. Jemand, der mit einem Schiff fährt, ohne zu bezahlen, und der nicht entdeckt werden will. _____
7. Jemand, der irgendwohin kommt, ohne eingeladen worden zu sein. _____
8. Jemand, der in einem Hotel übernachtet. _____
9. Jemand, der sich in einem Badeort aufhält. _____
10. Jemand, der seinen Urlaub z.B. in einer Pension verbringt. _____
11. Jemand, der als besondere, herausragende Persönlichkeit zu einer Veranstaltung eingeladen wird. _____

Übung 43

| Geister-/Geistes- |

a) Welches Wort paßt? Bitte ordne die Wörter zu!

A Geister-	B Geistes-
	2

1. -bahn, 2. -blitz, 3. -fahrer, 4. -gegenwart, 5. -krankheit, 6. -stadt, 7. -störung, 8. -stunde, 9. -wissenschaft, 10. -zustand.

b) Was bedeuten die Wörter?

Übung 44

```
┌─────────┐
│    ?    │  + -zeiten
└─────────┘
```

a) In welchem Zusammenhang spricht man von welchen "-zeiten"?

Welche "-zeiten"	passen	zu welchem Substantiv?
1 Ausfallzeiten		A Arzt
2 Laufzeiten		B Behörde
3 Öffnungszeiten		C Eisstadion
4 Spielzeit(en)		D Film
5 Sprechzeiten		E Theater
		F Versicherung

b) Was bedeuten die Wörter auf "-zeiten"?

c) Mit welchen Wörtern hast du manchmal zu tun und in welchem Zusammenhang?

Übung 45

```
┌─────────┐
│    ?    │  + -meter
└─────────┘
```

Alle Wörter, die nun folgen, sind mit dem Wort "-meter" zusammengesetzt und haben etwas mit "messen" zu tun. Schreibe auch gleich den Artikel dazu.

1. Mich kannst du benutzen, wenn du Fieber hast. _____
2. Ich bin 1000m lang. _____
3. Ich befinde mich im Auto und zeige die Geschwindigkeit an.

   _____

4. Mein Beruf besteht darin, Entfernungen zu vermessen.

5. In mir wird Gas gespeichert.   _____
6. Ich messe den Druck von Flüssigkeiten und Gasen. _____
7. Mich kannst du benutzen, um den Luftdruck zu messen.

8. Ich bin ein sehr kleines Längenmaß.   _____

Übung 46

| ? | + -sprache |

1. Ist Deutsch Deine _____sprache?
2. Kleine Erdenbürger sagen z.B. nicht Hund, sondern "Wauwau". Wir nennen das _____sprache.
3. Taubstumme benutzen die _____sprache.
4. Niemand kann die Kinder verstehen. Sie benutzen eine _____sprache.
5. Wenn jemand gutes Deutsch spricht, so nennt man das _____
6. Wenn jemand salopp redet, so benutzt er die _____

Übung 47

KLEINE STEINKUNDE

Stein + [?]

[?] + -stein

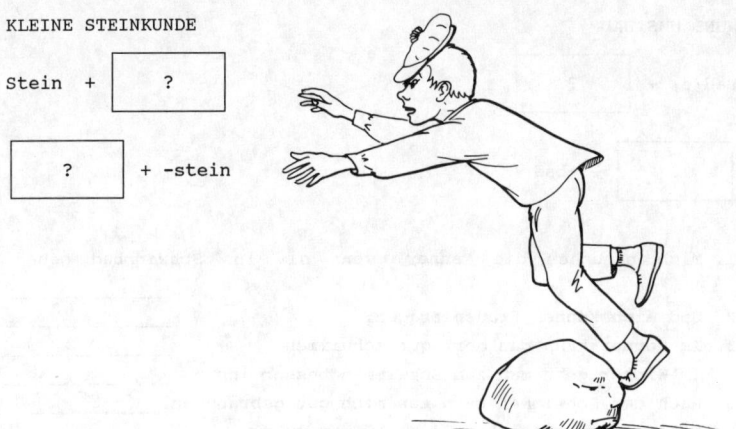

Es gibt viele verschiedene "Steine" mit unterschiedlichen Bedeutungen. Wie heiße ich?

1. Ich kann in einem Organ liegen und bereite dir dann Schmerzen.
2. Ich sitze an deinen Beißwerkzeugen und kann auch Karies und Parodontose bewirken.
3. Ich bin z.B. in einem Ring zu finden und diene als Schmuck.
4. Mich brauchst du für ein Legespiel. Aber zu Weihnachten kannst du mich auch essen.
5. Ich bin rot und schwer und werde beim Bau benötigt.
6. Ich stehe auf dem Friedhof auf den Gräbern.
7. Ich stehe auf der Straße und zeige an, an welchem Kilometer du dich befindest.
8. Mich findest du am Straßenrand. Ich bin die Grenze zwischen Fußgänger- und Autobereich.
9. Ich mache dir Ärger.

Findest du noch andere Beispiele?

Übung 48

RUND UMS BAD

Bad(e) + [?]

[?] + -bad

1. Mich brauchen die Männer, wenn sie ins Schwimmbad gehen.
2. Und mich können Frauen tragen. _____
3. Im Sommer kann man dort gut schwimmen. _____
4. Im Winter geht man zum Schwimmen besser ins _____
5. Nach dem Schwimmen kann man mich gut gebrauchen._____
6. Wenn man krank ist, fährt man am besten ins _____ zur _____.
7. Wenn man lieber zu Hause bleibt, kann man in der _____ ein Bad nehmen.
8. Zum Waschen, Duschen oder Baden geht man ins _____.

Übung 49

Kontroll- + | ? |

| ? | + -$\binom{n}{s}$kontrolle

Wie heißen die gesuchten Wörter?

A Kontroll-	B -$\binom{n}{s}$kontrolle
2	

1. Fahrkarte, 2. Frage, 3. Funktion, 4. Geburt, 5. Gewicht,
6. Leuchte, 7. Polizei, 8. Punkt, 9. Rüstung, 10. Stempel,
11. Uhr, 12. Verkehr, 13. Zentrum, 14. Zoll.

Kapitel VI
Wörter und ihre Bedeutungen

Übung 1

> Glas

Das Wort "Glas" hat mehrere Bedeutungen:
A) Material (Fensterscheibe)
B) Trinkgefäß, Behälter
C) Brillenglas.

a) Welche Eigenschaften hat "Glas" in der jeweiligen Bedeutung? Bitte kreuze in der/den entsprechenden Rubrik(en) an.

Adjektiv	A Material	B Behälter, Trinkgefäß	C Brillenglas
1 bauchig	→ ←	→ ←	→ ←
2 dick	→ ←	→ ←	→ ←
3 dunkel	→ ←	→ ←	→ ←
4 konvex	→ ←	→ ←	→ ←
5 leer	→ ←	→ ←	→ ←
6 schwach	→ ←	→ ←	→ X ←
7 stark	→ ←	→ ←	→ ←

b) Zu welchen Adjektiven gibt es ein Gegenwort, und wie heißt es?

_____ _____

_____ _____

_____ _____

VI.1 Wörter mit unterschiedlichen Bedeutungen

c) Welches Verb paßt zu welcher Bedeutung?

Verb	A Material	B Behälter, Trinkgefäß	C Brillenglas
1 aufsetzen	→ ←	→ ←	→ ←
2 blasen	→ ←	→ ←	→ ←
3 füllen	→ ←	→ ←	→ ←
4 leer trinken	→ ←	→ ←	→ ←
5 springen	→ ←	→ ←	→ ←
6 spülen	→ ←	→ ←	→ ←
7 zerbrechen	→ X ←	→ ←	→ ←
8 zersplittern	→ ←	→ ←	→ ←

d) Zu welchen Verben gibt es ein Gegenwort? Wie heißt es?

_____   _____

e) Und welche Bedeutung hat das Wort in der Redewendung "zu tief ins Glas schauen"? - Notfalls hilft das DUDEN-Universalwörterbuch.

VI.1 Wörter mit unterschiedlichen Bedeutungen

Übung 2

Dieses Wort hat zwei verschiedene Bedeutungen:
A) Wo man tanzen kann.
B) Womit man spielen kann.

Bitte kreuze in der folgenden Tabelle die jeweilige Bedeutung des Wortes an:

	wo man tanzen kann A	womit man spielen kann B
1 Abiturientenball		
2 Filmball		
3 Fußball		
4 Gummiball		
5 Handball		
6 Hausball		
7 Kinderball		
8 Lederball		
9 Lumpenball		
10 Medizinball		
11 Medizinerball		
12 Presseball	X	
13 Spielball		
14 Sportlerball		
15 Tennisball		
16		
17		

Kennst du noch andere Wörter? Dann schreibe sie dazu.

VI.1 Wörter mit unterschiedlichen Bedeutungen

Übung 3

> Bein

Dieses Wort hat mehrere Bedeutungen:

A) Zum Stehen und Fortbewegen dienende Gliedmaße bei Mensch und Tier.
B) Der Teil eines Möbelstücks, mit dem es auf dem Boden steht.
C) Knochen (heute nur noch in Zusammensetzungen oder Redewendungen enthalten).

In welcher Bedeutung erscheinen die folgenden Wörter?

1. __ Eisbein
2. __ Gipsbein
3. _C_ Nasenbein
4. __ O-Beine
5. __ Schienbein
6. __ Stuhlbein
7. __ Tischbein
8. __ Durch Mark und Bein
9. __ Stein und Bein frieren

VI.1 Wörter mit unterschiedlichen Bedeutungen

TEEKESSEL

"Teekessel" ist ein Spiel, bei dem man ein Wort raten muß, das zwei oder mehr Bedeutungen hat, z.B. das Wort "Schloß" (1. Türsicherung; 2. Palast). In den Übungen 4-10 findest du solche Teekessel.

Übung 4

?

Welches Wort hat folgende Bedeutungen:

1. Etwas, was aus einer Zeitung herausgeschnitten ist.
2. Ein Stück, ein Teil von einem Ganzen, z.B. einem Film.
3. Durch Herausschneiden hergestellte Öffnung, z.B. eines Kleides.

Übung 5

```
?
```

Gesucht wird der Name eines Baumes mit weiblichem Artikel. Das Wort ist gleichzeitig die Bezeichnung für einen Teil des Kopfes, hat dann jedoch den männlichen Artikel.

Übung 6

```
?
```

TEEKESSEL
Welches Wort verbirgt sich hinter dem "Teekessel", der in den folgenden Sätze beschrieben wird?

1. Ich bin ein aus zwei tellerförmigen Teilen bestehendes Musikinstrument.
2. Ich bin ein Teil des Körpers.
1. Ich klinge etwas blechern.
2. Bei Frauen habe ich eine besondere Funktion.

Übung 7

```
?
```

TEEKESSEL
Errätst du den folgenden "Teekessel"?

1. Ich will etwas herausfinden.
2. Ich will auch etwas herausfinden.
1. Etwas herauszufinden ist mein Beruf.
2. Mit meiner Hilfe kann man etwas herausfinden.
1. Ich bin eine Person.
2. Ich bin eine Sache.
1. Mich suchen die Leute, wenn sie mich verdächtigen.
2. Ich bin eine Art Spiegel.

Übung 8

```
?
```

TEEKESSEL
Rate mal! Ich habe drei verschiedene Bedeutungen. Wie heiße ich?

1. Ich bin ein Schmuckstück.
2. Ich begeistere mich für jemanden.
3. Ich fahre hinter einem Auto her.
1. Mich können Frauen und Männer tragen.
2. Ich bin ganz fixiert auf eine bestimmte bekannte Person.
3. Allein kann ich gar nichts machen.

Übung 9

[?]

TEEKESSEL
Wie heißen wir?

1. Ich trage den weiblichen Artikel.
2. Ich trage den männlichen Artikel.
1. Ich bin riesengroß.
2. Ich bin relativ begrenzt und klein.
1. In mir kannst du schwimmen.
2. In mir kannst du auch schwimmen.
1. Ich werde durch ein Ufer begrenzt.
2. Ich werde durch Festland begrenzt.

Übung 10

[?]

TEEKESSEL
Wie heißen wir? Kannst du uns raten?

1. Mich braucht man zum Kochen.
2. Mich braucht man zum Gesundwerden.
1. Wenn ich gut bin, erfreue ich die Menschen.
2. Wenn ich gut bin, werden die Menschen gesund.
1. Mich muß man erst lesen.
2. Mich muß man auch lesen.
1. Jede(r) kann mit mir arbeiten.
2. Nur Fachleute können und dürfen mit mir arbeiten.
1. Mich findet man in Büchern und Zeitschriften.
2. Mich bekommt man beim Arzt.
1. Wenn man mich realisiert, bekommt man etwas zum Essen.
2. Wenn man mich in der Apotheke abgibt, bekommt man etwas zum Einnehmen.

Übung 11

```
bestellen
```

a) Erstaunlich, was man so alles "bestellen" kann!

ER UND SIE IM RESTAURANT
Sie: Oh, das ist aber ein schönes Restaurant! Das gefällt mir gut.
Er: Ja, Schätzchen, aber die Preise!
Der Ober kommt und fragt: Was möchten Sie bestellen?
Er: Bitte ein Taxi.

Was ist hier merkwürdig?

b) Was kann wer wie und wo bestellen?

Was kann	wer A	wie B	wo bestellen? C
1 Acker			
2 Ersatzteile			
3 Grüße		mündlich	
4 Konzertkarten			
5 Taxi			
6 Wein			Restaurant
7 Zeitung	Abonnent		
8 Zimmer			

c) Welche sinnverwandten Wörter können jeweils für "bestellen" eingesetzt werden?

Übung 12

> beherrschen

Das Wort "beherrschen" hat verschiedene Bedeutungen:

A) Herr sein über ... / überlegen sein
B) Etwas (sehr) gut können
C) Alles überragen
D) Unter Kontrolle halten/kontrollieren

Ordne nun bitte die Sätze durch Eintragen des entsprechenden Buchstabens ein:

1. __ Eine Großmacht beherrscht das Mittelmeer.
2. __ Die deutsche Grammatik beherrschen oft noch nicht einmal die Deutschen richtig.
3. __ Das neue Sun-Sil beherrscht den Markt.
4. __ Der Afrikaner beherrscht die deutsche Sprache.
5. __ In bestimmten Situationen kann sie sich einfach nicht mehr beherrschen.
6. __ Der Berg beherrscht die Landschaft.

Übung 13

```
überlaufen
```

Dieses Wort hat verschiedene Bedeutungen. Was oder wer kann also
alles überlaufen? Was fällt dir dazu ein? Wenn dir nicht soviel
einfällt, dann helfen sicher die folgenden Erklärungen.

1. Weißes, nahrhaftes Getränk = _____
2. Ein Gefäß zum Kochen = _____
3. Ein Gefäß mit Henkel = _____
4. Jemand, der beim Militär ist (und wie nennt man ihn dann?)
   = _____
5. Etwas, was einem kalt über den Rücken läuft = _____
6. Ein großes Gefäß, das man auch rollen kann = _____
7. Großer Gegenstand zum Duschen und Baden = _____
8. Vorrichtung, in der man abwaschen kann = _____

Übung 14

a) Was kann man alles platzen lassen?

   1. Auf der Bank: _____
   2. Im persönlichen Bereich: _____
   3. Im geschäftlichen Bereich: _____

b) Was kann alles platzen?

   1. Im Keller: _____
   2. Am Auto: _____
   3. Ein Kinderspielzeug: _____
   4. Ein Gebilde aus Seifenwasser: _____

c) Und wer kann platzen?

   _____

VI.1 Wörter mit unterschiedlichen Bedeutungen

Übung 15

Was kann man alles auflösen?

1. Medikament = _____
2. (Voreheliche) Bindung zweier Personen = _____
3. Worauf man sein Geld hat = _____
4. Was nicht mehr weiterbestehen soll = _____
5. Menschenansammlung = _____

Übung 16

a) Was kann alles ablaufen?

   1. Amtliches Dokument = _____
   2. Zeitmeßgerät = _____
   3. Flüssigkeit = _____
   4. Gegenstand, in dem sich Wasser befindet = _____
   5. Eine Zeitspanne = _____
   6. Die Punkte einer Veranstaltung = _____

b) Was kann man alles ablaufen?

   1. Zum Zwecke der Besichtigung/Kontrolle: _____
   2. Verschiedene Einkaufsmöglichkeiten der Reihe nach:
      _____
   3. An einer Fußbekleidung: _____

Übung 17

```
?
```

TEEKESSEL (Erklärung dazu s. Kapitel VI.1, S.199)
Wie heißen wir? Kannst du uns raten?

1. Ich schreibe mich mit "ei".
2. Ich schreibe mich mit "ai".
1. Ich bin Singular.
2. Ich bin Plural.
1. Ich lebe nicht mehr.
2. Ich lebe noch nicht.
1. Ich war ein Mensch.
2. Ich werde ein Tier sein.
1. Ich lebte auf dem Land.
2. Ich werde im Wasser leben.

Übung 18

a) Kennst du ein anderes Wort für "Ausweg"? _____
   Wie heißt das Gegenteil von "Ausgang"? _____

b) An welches der beiden eben genannten Wörter denkst du bei welchem der folgenden Sätze?

   1. Waren Sie schon einmal in einem Labyrinth? _____
   2. Im Flugzeug habe ich immer Platzangst. _____
   3. Ich weiß wirklich nicht mehr, wie ich aus dieser Situation rauskommen soll! _____
   4. Wie komme ich denn aus diesem Riesengebäude wieder raus? _____
   5. Das ist eine sehr verfahrene Situation. _____

c) Versuche jetzt einmal, beide Substantive mit eigenen Worten zu erklären!
   Ausweg = _____
   Ausgang = _____

Übung 19

> Bedarf/Bedürfnis

Welches Wort paßt?

1. Das/Der tägliche Flüssigkeits_____ des Menschen liegt bei zwei bis drei Litern.
2. Öffentliche Toiletten nennt man auch _____anstalten.
3. Nach dem anstrengenden Besuch hat er das/den _____ nach Ruhe.
4. Auch heute sind wir anscheinend noch nicht in der Lage, das/den _____ an Nahrungsmitteln in der dritten Welt zu decken.

Übung 20

Was ist hier falsch?

Zwei Freundinnen treffen sich und unterhalten sich.

1: Hallo! Wie geht's?
2: Gut! Aber ich bin im Streß. Meine Tochter heiratet in vier Wochen.
1: Oh! Herzlichen Glückwunsch! Was ist denn ihr künftiger Mann von Beruf?
2: Statistiker!
1: Ach so, das ist ja so einer, der im Theater auftritt und nie etwas sagt.

Übung 21

| Drache/Drachen |

Bitte setze jeweils das entsprechende Wort ein!

1. Sie ist ein richtiger _____ .
2. Hast du schon mal einen _____ steigen lassen?
3. Der _____ ist ein Fabeltier.

Übung 22

```
┌─────┐
│  ?  │
└─────┘
```

Uns kann man leicht verwechseln, weil wir sehr ähnlich klingen.
Kannst du uns raten?

1. Mich kann man essen.
2. Ich bin ein Meister.
1. Ich wachse aus der Erde.
2. Ich habe etwas mit Sport zu tun.
1. Wenn ich gut zubereitet bin, freuen sich die Gäste.
2. Wenn ich gut spiele, freuen sich die Zuschauer.

Übung 23

```
┌─────┐
│  ?  │
└─────┘
```

Wir unterscheiden uns in einem Buchstaben. Kannst du uns raten?

1., 2. Wir sind beide gleich lang.
1. Mein vorletzter Buchstabe ist ein "a".
2. Mein vorletzter Buchstabe ist ein "u".
1. Mich kann man sehen.
2. Mich kann man hören.
1. Ich komme zum Essen auf den Tisch.
2. Ich komme zu freudigen Ereignissen.
1. Ich schieße selbst.
2. Ich werde geschossen.

Übung 24

Rauch-/Raucher-/Räucher-

a) Welches Wort gehört in welche Rubrik?

A Rauch-	B Raucher-	C Räucher-
4		

1. -aal, 2. -abteil, 3. -bein, 4. -bombe, 5. -entwicklung, 6. -fang, 7. -fisch, 8. -fleisch, 9. -glas, 10. -husten, 11. -kammer, 12. -kerze, 13. -lachs, 14. -männchen, 15. -speck, 16. -stäbchen, 17. -verbot, 18. -vergiftung, 19. -waren, 20. -wolke, 21. -zeichen.

b) Nummer 19 hat zwei Lösungen. Worin liegt der Bedeutungsunterschied? _____

Übung 25

Wie kann man noch dafür sagen? Die gesuchten Wörter lauten sehr ähnlich!

etwas vermuten = _____
etwas bestrafen = _____

Übung 26

| aufsuchen/besichtigen/besuchen |

a) Bitte ordne die Wörter zu.

A aufsuchen	B besichtigen	C besuchen
		5

1. eine Ausstellung, 2. Freunde, 3. eine Kirche, 4. ein Konzert, 5. einen Kranken, 6. ein Sanatorium, 7. eine Schule, 8. Sehenswürdigkeiten, 9. die Toilette, 10. Verwandte, 11. eine Wohnung.

b) Worin besteht der Bedeutungsunterschied der Verben?

_____

VI.3 Leicht verwechselbare Wörter

Übung 27

Die folgenden drei Wörter haben zwar eine unterschiedliche Bedeutung, werden aber leicht verwechselt.

A kostbar	B köstlich	C kostspielig
	3. lecker	

Ordne die folgenden Wörter bitte in die Übungstabelle ein.

1. ausgezeichnet, 2. hoch im Preis, 3. lecker, 4. teuer, 5. wertvoll, 6. wohlschmeckend.

Übung 28

a) Auch die sinnverwandten Wörter (Synonyme) in den folgenden Beispielen lauten sehr ähnlich. Wie heißen sie?

   1. ölig, schmierig = _____
   2. dick, feist   = _____

   Hast du die Wörter gefunden? - Wenn nicht, dann hilft dir vielleicht das Gegenteil.

b) Wie heißt das Gegenteil von

   1. mager (bei Fleisch): _____
   2. trocken (bei Haut): _____

c) Zu jedem der folgenden Substantive paßt eins der oben gesuchten Adjektive. Welches paßt wozu?

   1. Schweinefleisch: _____
   2. Haut: _____

d) Bei dem Wort "Gesicht" passen beide Adjektive, doch drücken sie jeweils etwas anderes aus. Kannst du den Bedeutungsunterschied erklären?

_____

Übung 29

| veraltet/überaltert |

a) Welches Wort paßt?

   1. Die Berliner Bevölkerung ist _____ .
   2. Der DUDEN von 1880 ist inzwischen _____ .

b) Worin besteht der Bedeutungsunterschied? _____

Übung 30

```
fließend/flüssig
```

Wie muß es heißen?

1. Er spricht _____ Japanisch.
2. Der Vortrag war heute besser. Das liegt auch daran, daß der Redner sehr _____ gesprochen hat.
3. Ich kann dir im Moment kein Geld geben. Ich bin gerade nicht _____.
4. Achtung, Achtung. Zäh_____ Verkehr auf den Autobahnen in Richtung Süden. Bitte benutzen Sie die ausgeschilderten Umleitungen.
5. Zimmer mit _____ warmem und kaltem Wasser zu vermieten.

Übung 31

```
gesalzen/salzig/versalzen
```

Welches Wort paßt?

1. Die Suppe schmeckt gar nicht. Sie ist total _____.
2. Das Fleisch ist sehr _____.
3. Die haben hier ganz schön _____ Preise.
4. Das Essen muß gut _____ sein.

Übung 32

```
aktuell/akut
```

a) Welches Wort ist richtig?

  1. Eine _____ Krankheit
  2. _____ politische Probleme
  3. Eine _____ Blinddarmentzündung
  4. Ein _____ Thema
  5. Ein _____ Buch.

b) Worin besteht der Unterschied? _____

Übung 33

```
effektiv/effektvoll/effizient
```

1. Bei einer Firma ist _____ Planung wichtig.
2. Ich habe _____ keine Zeit.
3. Der _____ Jahreszins variiert von Bank zu Bank.
4. Entwicklungshilfe ist nicht immer _____.
5. Er spricht immer mit _____ Pausen.
6. Mit dieser _____ Methode lernt man schnell.
7. Besonders die _____ Tapetenmuster fielen ins Auge.

Übung 34

> rückwärts/zurück

a) 1. Das Wort kann man auch _____ lesen.
   2. Bitte nicht _____ fahren.
   3. Sie sind falsch gefahren. Sie müssen wieder _____.
   4. Viele Leute parken nicht gern _____ ein.
   5. Er ist mit seinem Arbeitspensum ziemlich weit _____.

b) Du kannst rückwärts laufen oder auch zurücklaufen. Worin besteht der Unterschied? _____

Übung 35

> schleierhaft/verschleiert

Welches Wort paßt?

1. Im Falle des verstorbenen Politikers machen die Parteisprecher nur sehr _____ Andeutungen.
2. Wie das passieren konnte, ist mir _____.
3. In manchen Ländern sind die Frauen _____.

Übung 36

> vertraulich/vertraut

1. Sie sind sehr _____ miteinander.
2. Diese Unterlagen sind _____.
3. Er ist mit dieser Materie gut _____.

4. Bitte behandeln Sie meine Bewerbung _____.
5. Er muß sich mit seiner neuen Aufgabe erst _____ machen.
6. Zwischen ihnen herrscht das _____ Du.
7. Der Anblick kommt mir sehr _____ vor.

Übung 37

> grauenhaft/grausam/grausig/gräßlich

1. In dem alten Gemäuer hat sie einen _____ Fund gemacht.
2. Als die Polizei die Wohnung aufgebrochen hatte, bot sich ihr ein _____ Anblick.
3. Heute ist wirklich ein _____ Wetter.
4. Manchen Leuten macht es Spaß, _____ zu sein.
5. In der kleinen Wohnung herrscht immer eine _____ Unordnung.

Übung 38

> geboren/gebürtig

a) 1. Sie ist eine _____ von Bismarck.
   2. Er ist in Mannheim _____.
   3. Er ist _____ Mannheimer.
   4. (auf Formularen:) Gisela Peters, _____ Maier.
   5. Er ist aus Berlin _____.
   6. Er ist der _____ Geschäftsmann.

b) Worin unterscheidet sich ein gebürtiger Berliner von einem geborenen Berliner?

Übung 39

> selbständig/selbsttätig

1. Die Tür öffnet _____.
2. Mit dieser neuartigen Idee hat er sich _____ gemacht.
3. Insbesondere in leitender Stellung muß man _____ arbeiten.

Übung 40

> verständig/verständnisvoll

1. Für sein Alter ist er sehr _____.
2. Es ist gar nicht so einfach, einen _____ Partner zu finden.

Übung 41

> geistig/geistlich

Welches Wort paßt?

1. Sie starb in _____ Umnachtung.
2. In der Kirche singt man _____ Lieder.
3. Bei der Diskussion war er _____ weggetreten.
4. Immer mehr Menschen genießen _____ Getränke.
5. Ein Priester trägt ein _____ Gewand.

Übung 42

> paar/Paar

1. Zwei _____ Schuhe
2. Die _____ Minuten
3. Ein _____ Male
4. Ein junges _____
5. Alle _____ Wochen
6. Ein _____ Mark
7. Bald werden sie ein _____

Übung 43

a) Es gibt zahlreiche Wörter für Behälter, die man zum Einkaufen oder auf der Reise benutzt. Welche kennst du?
   BEISPIEL: Tasche
   Welche Wörter fallen dir noch ein?

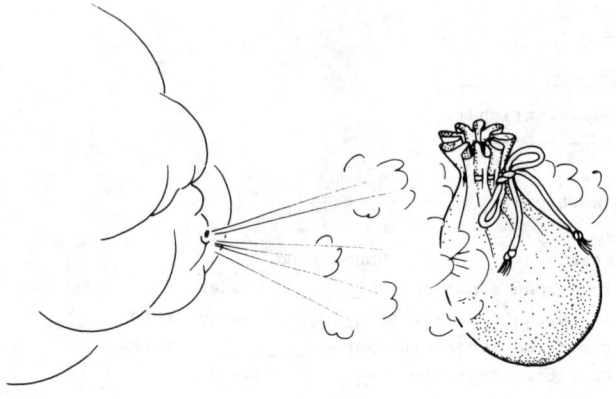

VI.4 In übertragener Bedeutung gebrauchte Wörter   221

Manche dieser Wörter werden in Zusammensetzungen bildlich oder
in übertragener Bedeutung gebraucht. Wie heißen die gesuchten
Wörter?

1. Wie heißt eine mit einem Waffelgebäck umgebene gefrorene
   Speise, die man besonders im Sommer ißt? _____
2. Wie nennt man einen Teil des Oberkörpers? _____
3. Was bindet man einem bissigen Hund um? _____
4. Wie nennt man eine schwäbische Spezialität? _____
5. Wie sagt man für etwas luftig Gebackenes, das mit Sahne
   gefüllt wird? _____
6. Wie heißt ein Hindernis für einen kleinen Ball, der bei
   einer bestimmten Sportart gebraucht wird? _____

b) SCHERZFRAGE:

Wie nennt man jemanden, der unruhig, nervös ist? _____

Übung 44

a) Rate mal!
   Gesucht werden zusammengesetzte Wörter. Ein Teil bezeichnet
   einen Körperteil, der andere Teil ein Tier.

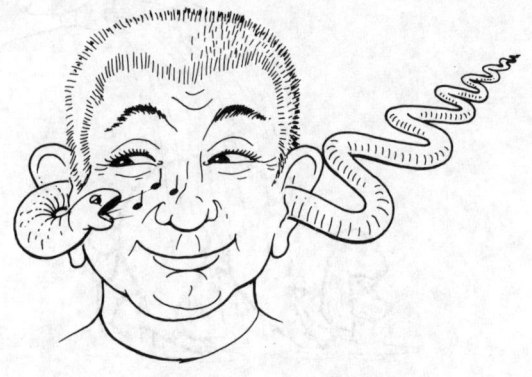

VI.4 In übertragener Bedeutung gebrauchte Wörter

1. Tiere, die Eier legen + Organ zum Sehen = _____
2. Tier, das miaut + Organ zum Sehen = _____
3. Organ zum Hören + kleines Tier, das auch in Obst zu finden ist = _____
4. Tiere, die man zu Weihnachten ißt + Oberfläche des Körpers = _____
5. Tier, das Haken schlägt + Körperteil, der Bodenkontakt hat = _____
6. Vogel + womit man nachdenkt = _____
7. Tier, das miaut + womit man spricht = _____
8. Tier, das grunzt + Organ zum Hören = _____
9. großes, geduldiges Tier, das Lasten tragen kann + Organ zum Hören = _____
10. Organ zum Hören + eßbares Meerestier mit Schale = _____

b) Was bedeuten die gefundenen Wörter?

Übung 45

a) Hier haben wir an Tiernamen gedacht, die übertragen verwendet werden. Wie heißen die gesuchten Tiere?

VI.4 In übertragener Bedeutung gebrauchte Wörter

1. Angst_____
2. Bau_____
3. begossener _____
4. blöde _____
5. Büro_____
6. Galgen_____
7. Kredit_____
8. Party_____
9. Pfingst_____
10. Platz_____
11. Salon_____
12. Schmeichel_____
13. Schmuse_____
14. Spaß_____

b) Was bedeuten die Wörter?
   Findest du noch mehr?

Übung 46

a) Wir suchen hier zusammengesetzte Wörter, die alle etwas mit Getränken (mit und ohne Alkohol) zu tun haben, aber nicht wörtlich gebraucht sind.
   Welches Wort ist gesucht?

   1. hochprozentiges Getränk + guter Einfall = _____
   2. Getreideart (zum Bierbrauen) + hochprozentiges klares Getränk = _____
   3. flüssiges Tierprodukt + Weg = _____
   4. Flüssigkeit, die entsteht, wenn man Früchte auspreßt + Geschäft = _____

b) SCHERZFRAGE
   Nachtlokal + Gerstensaft = _____

c) Und was bedeuten die Wörter?

VI.4 In übertragener Bedeutung gebrauchte Wörter

Übung 47

a) Manche der folgenden Ortsbezeichnungen haben eine andere Bedeutung, wenn man sie mit einem anderen Wort (Substantiv, Adjektiv) zusammensetzt.

1. Bewegung der Fahrzeuge im Straßenverkehr + ringsum von Wasser umgebenes Land = _____
2. keine einzige Person + von Grenzen umgebenes Staatsgebiet = _____
3. Geldbetrag, der einer anderen Person gehört + größere Erhebung im Gelände = _____
4. kleineres, meist rotbraunes Insekt + Land = _____
5. Gespenster + größere Siedlung = _____
6. ruhig + besondere Stelle (Verkleinerungsform) = _____

b) Und was bedeuten die Wörter?

Übung 48

Insbesondere auf religiösem und sexuellem, aber auch auf anderen Gebieten gibt es viele verhüllende tabuisierende Ausdrücke.
Kennst du die folgenden Redewendungen?
Was bedeuten sie?

1. Jemanden zur letzten Ruhe betten -
2. Seine Tage sind gezählt -
3. An den Tisch des Herrn gehen -
4. Hinter schwedischen Gardinen -
5. Freudiges Ereignis -
6. Für den Fall, daß mir etwas passiert -
7. Heiraten müssen -
8. Verschwinden müssen -
9. Ein Kind ist unterwegs -

Kennst du noch andere?

VI.4 In übertragener Bedeutung gebrauchte Wörter

Übung 49

a) Hier haben wir für dich ein paar Substantive aufgeschrieben. Welche Adjektive fallen dir ein, wenn du die Substantive liest?

1. Abgrund: _____
2. Blitz: _____
3. Felsen: _____
4. Hauch: _____
5. Himmel: _____
6. Kugel: rund
7. Messer: _____
8. Riesen: _____
9. Stahl: _____

b) Um bestimmte Adjektive im Deutschen emotional zu verstärken - manchmal fast so stark wie ein Superlativ das tut -, nimmt man oft zum Vergleich ein Substantiv dazu.
In der folgenden Liste befinden sich links die Substantive, rechts die Adjektive. Was paßt zusammen?

Welches Substantiv	paßt	zu welchem Adjektiv?
1 abgrund		A fest
2 blitz	2H	B tief
3 felsen		C hoch
4 hauch		D hart
5 himmel		E rund
6 kugel		F scharf
7 messer		G dünn
8 riesen		H schnell
9 stahl		I groß

So, und nun vergleiche bitte die Ergebnisse mit den Assoziationen im ersten Teil der Übung! Stimmen sie überein?

Übung 50

Was ist ein "flotter Otto"?

1. Ein eleganter junger Mann.
2. Eine zu schnelle Form der Verdauung.
3. Ein Draufgänger.

Übung 51

Was bedeutet die Redewendung "einen im Tee haben"?

1. Ein Insekt schwimmt im Tee.
2. Im Tee ist Alkohol.
3. Einer hat zuviel getrunken.

Übung 52

a) In einem der folgende vier Sätze wird ein Beruf bezeichnet. Welcher ist das?

1. Er fährt zur See.
2. Er fährt zum See.
3. Er fährt an die See.
4. Er fährt an den See.

b) Welchen Beruf bezeichnet er?

Übung 53

Welche Redewendungen fallen dir zu diesen Bildern ein?
Was bedeuten sie?

1. _____

2. _____

Übung 54

a) Hier suchen wir Sprichwörter mit gefiederten Tieren. Welches Tier ist jeweils gesucht?

1. Ein blindes _____ findet auch mal ein Korn.
2. Das pfeifen die _____ von den Dächern.
3. Das hieße _____ nach Athen tragen.
4. Eine _____ macht noch keinen Sommer.
5. Lieber ein _____ in der Hand, als eine _____ auf dem Dach.
6. Die gebratenen _____ fliegen einem nicht in den Mund.
7. Er ist der _____ im Korb.
8. Mit ihr muß ich noch ein _____ rupfen.

b) Und was bedeuten die Sprichwörter?

Teil II: Lösungen

I. Sinnähnliche Wörter - Lösungen

Übung 1

a) 1. Spezi   (= guter Freund; Getränk)
   2. Studio   (= Ort, wo Film-, Fernseh- und Tonaufnahmen gemacht werden)
   3. Kneipe   (= Lokal)
      Bar   (in der Bedeutung Nachtlokal)
   4. Baumschule   (= Ort, wo Bäume angepflanzt und aufgezogen werden)
   5. Schlafmütze (= Person, die unaufmerksam ist).

b) 1. a) Spezialisten, b) Fachmann, c) Spezi (= Freund), d) Experten.
   2. a) ein 1-Zimmer-Appartement, eine 1-Zimmer-Wohnung, b) Seine Wohnung, c) einem Studio.
   3. a) die Kneipe; die Bar, b) Am Tresen; An der Theke; An der Bar, c) an der Bar.
   4. a) Baumschule, b) Hochschule, c) Abendschule, d) Volkshochschule.
   5. a) Schlafanzug, b) ein Nachthemd, c) eine Zipfelmütze, d) eine richtige Schlafmütze.

Übung 2

1. seinen angestammten Platz, 2. ein großer Platz, 3. dieser Stelle, 4. den Fußballplatz, 5. der Paßstelle, 6. Platz, 7. der Baustelle, 8. einen Fensterplatz.

Übung 3

1. Der Anlaß, 2. die Gelegenheit, 3. eine verpaßte Gelegenheit, 4. Anlaß, 5. nächster Gelegenheit, 6. kein Anlaß, 7. Gelegenheit, 8. Anlaß, 9. Diese Gelegenheit, 10. ein willkommener Anlaß.

I. Sinnähnliche Wörter - Lösungen

Übung 4

1. Sache/Angelegenheit, 2. Affäre, 3. Sachen, 4. Angelegenheiten, 5. Affäre, 6. Sache, 7. Angelegenheit/Sache, 8. Sache.

Übung 5

1. das Ziel, 2. seinen Zweck, 3. heutiges Reiseziel, 4. Der Zweck, 5. Zielen, 6. ins Ziel, 7. Der Zweck, 8. keinen Zweck, 9. seine Ziele, 10. ein klares Ziel.

Übung 6

1. Der Befund, 2. Ergebnis, 3. Der ärztliche Befund, 4. Befund, 5. Ergebnis.

Übung 7

1. ist ... eine Ruine, 2. wurde das Flugzeugwrack, 3. Die Trümmer-, 4. -ruine, 5. den Trümmern, 6. Scherben, 7. den Scherben, 8. zu einer menschlichen Ruine/einem menschlichen Wrack, 9. Scherben, 10. Trümmern, 11. Scherben, 12. das Schiffswrack, 13. steht ... eine Ruine.

Übung 8

1. Klage, 2. Einspruch, 3. Beschwerden, 4. Die Klage/Der Einspruch, 5. der Klage/dem Einspruch, 6. Einspruch/Beschwerde, 7. zur Klage, 8. Die Klage.

Übung 9

1. Reparatur, 2. Inspektion, 3. Reparatur, 4. -wartung, 5. Wartung.

I. Sinnähnliche Wörter - Lösungen

Übung 10

1. Kontrolle, 2. Überwachung, 3. Razzia, 4. Kontrollen, 5. Kontrolle.

Übung 11

1. Bauten, 2. Das neue Gebäude, 3. Haus, 4. Gebäude, 5. das Gebäude, 6. Haus, 7. interessantes Bauwerk, 8. öffentliches Gebäude, 9. offenes Haus, 10. das ganze Haus.

Übung 12

A: 1, 3, 4, 7.
B: 2, 5, 6.

Übung 13

a) 2/4/5 --- 9/10 --- 1/7 --- 3/6/8.
b) 1/10
c) 1. Beifallssturm, 2. Geldregen, 3. Gefühlskälte.

Übung 14

1E, 2L, 3M, 4E, 5A, 6K, 7J, 8C, 9C, 10G, 11H, 12B, 13I, 14D, 15M, 16F.

Übung 15

a) 1L, 2H, 3K, 4E, 5D, 6C, 7B, 8A, 9F, 10G/J, 11G, 12I.
b) er belichtet - sie beschattet.

Übung 16

1C, 2B, 3B, 4B, 5C, 6A, 7C, 8B, 9C, 10A, 11C, 12A, 13C, 14B, 15A, 16B, 17B/C, 18C.

Übung 17

a) **A:** 1, 2, 3, 4, 11, 14, 15, 17, 19.
   B: 1, 6, 9, 13, 18, 20, 21.
   C: 5, 7, 8, 10, 12, 16, 20, 21.
b) 21B: Eisenbahnwagen, der Lasten/Waren transportiert.
   21C: Lastkraftwagen mit Anhänger.

Übung 18

A: 3, 4, 5, 7, 10, 12, 14, 17, 18, 19, 21, 22, 23, 26, 27.
B: 1, 2, 5, 13, 24, 26.
C: 6, 8, 9, 11, 15, 16, 17, 20, 25.

Übung 19

A: 2, 3, 5, 7, 8, 9, 11.
B: 1, 4, 7, 8, 9.
C: 6, 10.

Übung 20

a) **A:** 2, 3.
   B: 1, 4.
b) **A:** 2: Kurzer Aufschub, letzte Frist.
      3: Vorgetäuschte Heiterkeit.
   B: 1: Beil des Henkers, mit dem zum Tode Verurteilte enthauptet wurden.
      4: Letzte (gemeinsame) Mahlzeit vor einem (längeren) Abschied.

I. Sinnähnliche Wörter - Lösungen

Übung 21

A: 1, 4, 6, 7, 8, 10, 12, 13, 15, 18, 19, 20, 21, 22, 25, 28, 30, 32, 34.

B: 1, 2, 3, 5, 9, 11, 14, 15, 16, 17, 23, 24, 26, 27, 29, 31, 33, 35.

Übung 22

a) 1F, 2C/E/F, 3D/F, 4A/E, 5A, 6B, 7B/C/D, 8A/E, 9F, 10C/E, 11B, 12D, 13E, 14B, 15A/C.

b)
1F = Kraftwerk, das aus Atomenergie elektrische Energie gewinnt.

2C = Firma, die die Ausführung von Bauvorhaben übernimmt.

2E = größere Baufirma.

2F = größerer, architektonisch beeindruckender Bau.

3D = Geschäft, das auf den Verkauf bestimmter Waren spezialisiert ist.

3F = Bauweise, bei der die Wände aus einem Gerippe von Holzbalken bestehen.

4A/E = kleineres Unternehmen, das sich im Besitz einer Familie befindet.

5A = Betrieb eines selbständigen Handwerkers.

6B = Fabrik, die Maschinen herstellt.

7B/C = Fabrik, in der Möbel hergestellt werden.

7D = Geschäft, in dem Möbel verkauft werden.

8A/E = Unternehmen in privater Hand.

9F = Werk, das Stahl produziert.

10C/E = Spedition.

11B = Produktionsstätte für Filme, die durch Darstellung einer glänzenden Scheinwelt den Wunschträumen des Publikums entgegenzukommen sucht.

12D = Handel mit Waren, bei dem Angebot und Verkauf nicht in Läden erfolgen, sondern durch Versenden der Waren an den Käufer.

13E = Unternehmen, das weltweit Tochterbetriebe hat.

14B = Fabrik, in der Zigaretten hergestellt werden.

15A/C = Industriebetrieb, der Unternehmen mit Produkten beliefert, die von diesen weiterverarbeitet werden.

Übung 23

A: 3, 11, 24.
B: 2, 3, 4, 5, 9, 16, 18, 21, 23, 25, 26.
C: 1, 3, 6, 7, 8, 10, 12, 13, 14, 15, 17, 19, 20, 22, 23, 24, 27.

Übung 24

a) **A:** 1, 4, 7, 9, 10, 12, 14, 19, 20, 23.
   B: 5, 6, 15, 16, 18, 20, 22.
   C: 5, 15, 17, 21.
   D: 2, 3, 8, 11, 13, 23.

   5B: Fernsehapparat \ kein Bedeutungs-
   5C: Fernsehgerät / unterschied
   15B: Radioapparat \ kein Bedeutungs-
   15C: Radiogerät / unterschied
   20A: Telefonanlage = Telefoninstallation mit mehreren Anschlüssen (in einer Firma)
   20B: Telefongerät = Apparat
   23A: Waschanlage ⟶ Autos
   23D: Waschmaschine ⟶ Wäschewaschen

b) 7A: Geldanlage ist abstrakt gebraucht = Geldinvestition.
   18B: Staats- und 22B Verwaltungsapparat sind ebenfalls abstrakt gebraucht = Gesamtheit von Personen und Hilfsmitteln, die für eine bestimmte Aufgabe benötigt werden.

c) 1. Park-/Grünanlage, 2. Klimaanlage, 3. Linienmaschine, 4. Rundfunkgerät/Radioapparat/Radiogerät/Stereoanlage/Tonbandgerät, 5. Gleisanlage, 6. Waschanlage.

I. Sinnähnliche Wörter - Lösungen

Übung 25

1. benutzen (= verwenden)
2. benötigen (= brauchen)
3. ausufern (= ausarten)
4. fördern (= unterstützen)

1. a) braucht, b) benutzen, c) benutzt, nötig hat/hätte.
2. a) benötigen, b) verwendet, c) gebrauchen/verwenden.
3. a) über die Ufer treten, b) überschwemmt/überflutet, c) auszuufern.
4. a) gefördert, b) fordern/verlangen, c) fordern/verlangen.

Übung 26

a) 1. gepachtet, 2. gemietet, 3. leasen, 4. gemietet, 5. gepachtet, 6. gechartert, 7. leasen, 8. gepachtet, 9. gemietet, 10. leasen, 11. gemietet, 12. gechartert.

b) chartern = Ein Flugzeug oder Schiff gegen Bezahlung benutzen.

leasen = Z.B. ein Gerät, ein Auto gegen Bezahlung benutzen.

mieten = (Besonders bei Wohnungen) gegen Bezahlung (das Eigentum eines anderen) benutzen.

pachten = Etwas im Rahmen einer Pacht (= vertraglich vereinbarte, befristete Nutzung) übernehmen.

Übung 27

1. gefegt, 2. kehren, 3. fegte, 4. fegt, 5. fegt.

Übung 28

1. geprügelter, 2. schlug, 3. geprügelt, 4. schlägt, 5. geschlagen, 6. schlug, 7. schlug, 8. schlagen, 9. geprügelt, 10. geschlagen, 11. schlägt, 12. geschlagen.

Übung 29

a) 1. geschah, 2. ereignete sich/passierte, 3. passiert, 4. passiert, 5. geschehen/passiert, 6. geschehen, 7. passiert, 8. passiert.

b) 1. In bezug auf eine Absperrung auf die andere Seite fahren (Satz 3)
2. Unerwartet sterben (Satz 4)
3. Geschehen (Sätze 2, 5, 7, 8).

Übung 30

1. getroffen, 2. fassen, 3. getroffen, 4. packte/faßte, 5. faßte, 6. getroffen, 7. fassen, 8. getroffen, 9. gepackt, 10. fassen, 11. ergreifen, 12. faßt, 13. genommen, 14. gefaßt/ergriffen, 15. fassen, 16. getroffen, 17. gepackt/ergriffen, 18. getroffen, 19. trifft.

Übung 31

1. abnehmen/entfernen; vereinbaren, 2. anschalten/anstellen, 3. öffnen, 4. ausschalten/abstellen; vereinbaren, 5. einwecken, 6. imitieren/nachäffen, 7. vererben, 8. vortäuschen; vorführen/vorturnen, 9. schließen.

Übung 32

1. aufräumen, 2. scherzen, 3. verreisen, 4. heiraten, 5. fotografieren, 6. sich kämmen/frisieren, 7. lärmen, 8. beeindrucken, 9. musizieren, 10. ermutigen, 11. spazierengehen, 12. verreisen, 13. besuchen.

Übung 33

A: 1. fallen, 2. hören, 3. sehen, 4. ausbrechen, 7. helfen, 11. erkennen.

I. Sinnähnliche Wörter - Lösungen

B: 6. abgeschlossen werden, 8. angewendet werden, 10. verhandelt werden, 12. eingesetzt werden.
C: 5. sich entfalten, 9. sich entschließen, 13. sich einigen.

Übung 34

1C, 2C, 3C, 4A, 5B/D, 6A, 7B, 8B/D.

Übung 35

a) 1. vergammelt/heruntergekommen
      herabgekommen/heruntergekommen
   2. allein/einsam
      allein/nur
   3. machen/erledigen/schaffen (geschafft)
      machen/schaffen (geschaffen)
   4. fast/beinahe
      circa/ungefähr
   5. selbst/sogar
      selbst/allein

b) 1. a) vergammelt/heruntergekommen
      b) herabgekommen/heruntergekommen
   2. a) allein/nur
      b) allein/einsam
   3. a) geschafft/gemacht/erledigt
      b) geschaffen/gemacht
   4. a) beinahe/fast
      b) circa/ungefähr
   5. a) selbst/allein
      b) selbst/sogar

Übung 36

1. herrlich (= wunderbar)
2. dämlich (= dumm, unklug)
3. beschrankt (= mit einer Schranke versehen)
4. geschaffen (= kreiert)

1. a) maskulin/männlich, b) herrlich.
2. a) feminin, b) damenhaft, c) fraulich, d) dämlich, e) weiblich, f) weibisch.
3. a) beschränkter/begrenzter, b) Beschrankter.
4. a) vollbracht b) Geschafft, c) geschaffen.

Übung 37

1. dichter, 2. eng, 3. enge, 4. dicht, 5. dicht, 6. dicht, 7. engere, 8. Dicht.

Übung 38

1. a) "wenn", weil es eine Bedingung fordert.
   b) 1. nämlich, 2. Weil; Da, 3. wenn, 4. denn.
2. a) "inzwischen", weil es temporal gebraucht ist.
   b) 1. Inzwischen, 2. In der Mitte, 3. Inmitten.

Übung 39

a) vollschlank, mollig, rundlich, füllig, beleibt, korpulent, dick, fett.
b) <u>eher positiv:</u> füllig, mollig, rundlich, vollschlank.
   <u>eher neutral:</u> beleibt, korpulent.
   <u>eher negativ:</u> dick, fett.

Übung 1

a) 1. Tod, 2. Haß, 3. Abend, 4. Mündung, 5. Armut, 6. Ausnahme, 7. Ernte, 8. Gläubiger, 9. Lehrer, 10. Empfänger, 11. Niederlage, 12. Haben, 13. Mond; Regen; Schatten, 14. Wochen-/Werktag, 15. Empfänger, 16. Land, 17. Außenbezirk/ Vorort/Stadtteil, 18. Landung/Ziel, 19. Nacht, 20. Berg, 21. Freude.
b) 1. Experte/Fachmann/Profi, 2. Flut, 3. Unglück/Pech, 4. Kälte, 5. Tief, 6. Frieden, 7. Tadel, 8. Zwerg, 9. Nutzen, 10. Fluch.

1. a) Fachmann, b) Profis, Amateure
2. Ebbe, Flut
3. a) Glück-, Pech-, b) Pech
4. a) Hitze-, b) Kälte-
5. a) Hoch, b) Tief
6. a) Krieg, Frieden, b) Frieden-, c) -krieg
7. a) Tadel, b) Lob
8. a) Riesen, Zwerge, b) Zwerge, c) Riesen
9. a) Schaden, b) Nutzen
10. a) Fluch, b) Segen.

Übung 2

1B Sau, 1C Ferkel, 2A Erpel, 3B Henne, 3C Küken, 4B Katze, 4D Katze, 5A Rüde, 5D Hund, 6A Ziegenbock, 6D Ziege, 7A Hammel, 7C Lamm, 8A Tauber/Täuberich/Tauberich, 8B Taube, 9B Kuh, 9C Kalb, 9D Rind, 10A Hengst/Wallach (kastriert), 10C Fohlen.

Übung 3

1. Nonne, 2. Vater, 3. Schwester, 4. Knecht, 5. Junge, 6. Frau, 7. Tochter, 8. Tante, 9. Neffe, 10. Cousin.

Übung 4

Sie: 2. Rock, 3. Kostüm, 4. -.

Er: 1. Hemd, 5. Socken, 6. Smoking.

Übung 5

der Schuldner
der Heide/Ungläubige.

Übung 6

a) 1A, 2A (Bühne), 2C (Sonne), 3B, 4A, 5A, 6A.
b) Ab-

Übung 7

1. Klinikgeburt, 2. Entwicklungsland, 3. Brustschwimmen, 4. Stehplatz, 5. Salz-/Meerwasser, 6. Stummfilm.

Übung 8

1D, 2A, 3B, 4B, 5B, 6C.

Übung 9

a) 1C, 2B, 3D, 4A, 5A.
b) teilweise.

Übung 10

1. aufhören, 2. verbieten, 3. antworten, 4. verlieren, 5. lieben, 6. weinen, 7. tadeln, 8. nutzen/nützen, 9. landen, 10. sinken/fallen.

Übung 11

1. schließen/zukneifen, 2. zukleben, 3. ballen/schließen, 4. verkorken, 5. schließen/sperren, 6. zudrehen, 7. schließen, 8. schließen/zumachen.

Übung 12

1. erobern/wiedergewinnen/halten, 2. gewinnen, 3. ansetzen, 4. (wieder)finden, 5. behalten/gewinnen.

Übung 13

1. abgeben/verbrauchen, 2. abgeben/entnehmen, 3. abrufen/weitergeben.

Übung 14

1A/B -, 2C +, 3A/D/E -, 4D +, 5C/F -, 6A/B/D/E/G +, 7E -.

Übung 15

1B aufwachen, 2C entlassen, 3B aufklaren/aufheitern, 4A abheben.

Übung 16

1B, 2C, 3A, 4A.

Übung 17

1. -nehmen, 2. -gehen, 3. -gehen, 4. -falten/-nehmen, 5. -ziehen/-rücken, 6. -nehmen.

Übung 18

1. falsch/unecht, 2. fleißig, 3. böse/schlecht, 4. kalt, 5. gesund, 6. voll, 7. fern, 8. langweilig, 9. üppig, 10. verschwenderisch, 11. ernst, 12. ambulant, 13. dynamisch.

Übung 19

unterirdisch
irdisch, weltlich.

Übung 20

1. schwach/schlecht, 2. unscharf, 3. sanft, 4. sanft, 5. weit, 6. lau/sanft, 7. sanft, 8. mild.

Übung 21

1. abgegriffen, 2. alt/antiquarisch, 3. gebraucht, 4. erfahren/versiert, 5. alt/antik, 6. verwischt, 7. abgewetzt/alt, 8. eingeführt.

Übung 22

1. schlampig/schlecht/ungenau/unordentlich, 2. chaotisch/liederlich/unordentlich, 3. außerordentlich, 4. schlecht, 5. unaufgeräumt, 6. außerordentlich, 7. bescheiden/geringfügig/klein.

Übung 23

1. belebt/überlaufen, 2. hektisch/laut/unruhig, 3. laut/belebt/verkehrsreich, 4. anstrengend/aufregend, 5. stürmisch.

Übung 24

1. neu, 2. frisch, 3. jung, 4. frisch, 5. jung, 6. frisch.

Übung 25

1. sauer, 2. bitter, 3. sauer, 4. bitter, 5. salzig, 6. herb/trocken.

Übung 26

1. leicht, 2. süß, 3. freundlich, 4. süß.

Übung 27

a) 1. Fleisch, 2. Klang/Ton, 3. Gestalt.
b) 1. kräftig, 2. zäh, 3. kräftig, 4. rauh, 5. kräftig, 6. kräftig.

Übung 28

a) 1. Geruch, 2. Gefühl, 3. Nachricht, 4. Töne.
b) 1. unangenehm, 2. unangenehm, 3. schlecht, 4. schwer/hart, 5. schwierig/kompliziert, 6. schlecht/schlimm, 7. unangenehm/hart/schrill, 8. schlecht.

Übung 29

a) 1. Stimme, 2. Schale, 3. Haut, 4. Hände, 5. Putz, 6. Oberfläche.
b) 1. schön/lieblich, 2. zart, 3. mild, 4. glatt, 5. glatt, 6. glatt, 7. sanft, 8. sanft, 9. sanft/mild/lau.

Übung 30

1A/B/C, 2A/B/C, 3A/B/C, 4C/F, 5B/C, 6A/B/C/E, 7D.

Übung 31

1B, 2A, 3C/G/H, 4B/C/E/I, 5F/G, 6F, 7B, 8C, 9I, 10B/C, 11B/D.

Übung 32

a) 1A, 2B/C, 3C, 4C, 5B/C, 6D.
b) übel/schlecht aussehend, schlecht gekleidet.

Übung 33

a) 1. langatmig, 2. langfristig, 3. langhaarig, 4. langlebig, 5. weitsichtig, 6. langweilig.
b) 1. langatmig: weitschweifend, zu ausführlich, langweilig.
   2. weitsichtig/kurzsichtig: jemand, der den Überblick über eine Entwicklung (nicht) hat, (nicht) vorausschauend handelt.

Übung 34

1b, 2b, 3 wohlhabend, 4E, 5a, 6a/b, 7E.

Übung 35

a) 1C, 2C, 3A, 4A, 5B, 6B, 7D, 8C, 9C.
b) _il-_ wird gebraucht vor Wörtern, die mit "l" beginnen,
   _im-_ vor Wörtern, die mit "m" oder "p" beginnen,
   _ir-_ vor Wörtern, die mit "r" beginnen.
   Das nennt man Assimilation.

Übung 36

1D/F (Achtung), 2A, 3F (Erfolg), 4C, 5a, 6A, 7b, 8E.

Übung 37

1b, 2A, 3C, 4e, 5A, 6D, 7d, 8C, 9C, 10A.

Übung 38

1. Ich kann nicht Ski laufen.
2. Ich kann nicht Französich.
3. Er ist kein guter Lehrer.
4. Er ist noch nicht abgereist.
5. Sie sind schon gekommen.
6. Das ist kein Freund von mir.
7. Das ist nicht mein Auto.
8. Das ist kein neues Auto.

Übung 39

a) 1. Rücksitz, 2. Tiefstand, 3. Spendierhosen, 4. untergeben.
b) 1. Der hintere Sitz im Auto.
2. Z.B. in der Wirtschaft: Talsohle
3. Die Spendierhosen anhaben = für andere etwas spendieren, ausgeben, sie zu einem Bier o.ä. einladen.
4. Jemandem untergeben sein = jemandem beruflich unterstehen, von ihm abhängig sein.

Übung 1

1. an, 2. am, 3. auf, 4. vom, 5. auf, 6. über, 7. auf, 8. über,
9. zu, 10. in, 11. an, 12. mit, 13. auf, 14. über, 15. um,
16. von, 17. vor, 18. aus, 19. in, 20. durch, 21. mit, 22. aus,
23. am, 24. in.

Übung 2

1. in, 2. unter, 3. in/im, 4. auf, 5. Bei, 6. Auf, 7. unter,
8. in.

Übung 3

1. auf, 2. aus, 3. in, 4. mit, 5. Aus, 6. mit, 7. auf, 8. In,
9. auf.

Übung 4

1. in, 2. außer, 3. zum, 4. in.

Übung 5

a) 1. auf, 2. um, 3. vom, 4. an, 5. unter, 6. am, 7. bei/am,
8. an, 9. Nach, 10. auf, 11. von, 12. zum.
b) 11. nicht mehr in ehelicher Gemeinschaft leben
12. am Abendmahl teilnehmen.

Übung 6

a) 1. am, 2. am/mit dem, 3. auf, 4. auf, 5. von, 6. Aus, 7. ins,
8. übers, 9. aus, 10. unter, 11. ins, 12. zu, 13. im.
b) 10. ein Kind erwarten.

Übung 7

1. an, 2. auf, 3. auf, 4. ins, 5. zu; zu, 6. über/aufs, 7. außer,
8. im, 9. im, 10. vom.

Übung 8

1. vor, 2. um, 3. in, 4. mit, 5. Aus, 6. in, 7. Vor.

Übung 9

1. auf, 2. Nach/Auf, 3. um, 4. gegen/um, 5. ab, 6. von; bis,
7. um.

Übung 10

a) 1. zur, 2. zur, 3. in, 4. zur, 5. in, 6. zur, 7. in, 8. aus,
9. zur, 10. in.
b) -

Übung 11

a) 1. Am/Bei, 2. (bis) in, 3. vor, 4. an, 5. bei, 6. unter,
7. über, 8. am, 9. auf, 10. für, 11. von; zu, 12. für,
13. auf, 14. um, 15. in, 16. vor.
b) 4. bekanntwerden, sich herausstellen.

Übung 12

1. aus/in, 2. in, 3. aus, 4. Zur, 5. in, 6. mit, 7. Ohne, 8. aus.

Übung 13

a) 1. ins, 2. aus, 3. im, 4. unter, 5. in, 6. in, 7. aus, 8. vor, 9. auf, 10. aus, 11. um, 12. in, 13. ins, 14. mit, 15. um, 16. ins, 17. vor.
b) 4. ohne Zeugen
   9. auf einem Auge nicht sehen können
   10. jemanden nicht mehr sehen und dann leichter vergessen
   11. Gleiches mit Gleichem vergelten
   14. glimpflich, ohne großen Schaden davonkommen
   16. üble Folgen haben, schlecht enden.

Übung 14

1. von, 2. zur, 3. an die/bei der, 4. in, 5. aus, 6. in, 7. in, 8. mit, 9. aus, 10. in, 11. für, 12. aus, 13. mit, 14. von, 15. unter, 16. auf, 17. in, 18. hinter, 19. auf, 20. auf.

Übung 15

1. an, 2. mit, 3. in/bei, 4. für, 5. auf, 6. zum, 7. für; gegen, 8. mit, 9. gegen, 10. an.

Übung 16

1. bei/gegen, 2. mit, 3. Beim.

Übung 17

1. zum, 2. an, 3. mit, 4. um, 5. für, 6. mit, 7. gegen, 8. nach, 9. für, 10. gegen, 11. um, 12. durch.

IV.0 Wortbildungselemente - Lösungen

1. Präfixe, 2. Suffixe, 3. A Halbpräfixe / B Präfixoide; C Halbsuffixe /D Suffixoide.

Übung 1

Vorsilbe: <u>wieder</u>geben, <u>ein</u>sehen, <u>aus</u>gehen, sich <u>ver</u>schreiben, <u>be</u>wundern

Nachsilbe: Techn<u>ik</u>, Bäcker<u>ei</u>, mehrtäg<u>ig</u>, täg<u>lich</u>, Gesund<u>heit</u>.

Übung 2

a) <u>Ab</u>schrift, <u>An</u>schrift, <u>Auf</u>schrift, <u>In</u>schrift, <u>Mit</u>schrift, <u>Über</u>schrift, <u>Unter</u>schrift, <u>Vor</u>schrift.
b) <u>Ab</u>schrift = Kopie, <u>An</u>schrift = Adresse, <u>Auf</u>schrift = Worte (z.B. auf einem (Tür)schild, Etikett usw.), <u>In</u>schrift = auf Stein, Metall o.ä. eingravierter Text, <u>Mit</u>schrift = Notizen (z.B. bei einer Vorlesung, Besprechung), <u>Über</u>schrift = kurzer Text, der den Inhalt eines Beitrages o.ä. angibt, <u>Unter</u>schrift = eigenhändig unter ein Schriftstück geschriebener Name, <u>Vor</u>schrift = Anweisung.

Übung 3

1. <u>Bei</u>lage, 2. <u>Vor</u>lage, 3. <u>Auf</u>lage, 4. <u>Aus</u>lage, 5. <u>An</u>lage, 6. <u>Ab</u>lage, 7. <u>Zu</u>lage.

Übung 4

a) <u>-sehen</u>
   An-, Auf-, Aus-, Ein-, Nach-.
   <u>-sicht</u>
   Ab-, An-, Auf-, Aus-, Durch-, Ein-, Nach-, Rück-, Vor-.
b) 1. <u>An</u>sicht, 2. <u>Durch</u>sicht, 3. <u>Aus</u>sicht, 4. <u>Nach</u>sicht, 5. <u>Ab</u>sicht, 6. <u>Rück</u>sicht, 7. <u>Ein</u>sicht, 8. <u>Auf</u>sicht.
c) 1. <u>An</u>sichten, 2. <u>Aus</u>sicht, 3. <u>Durch</u>sicht, 4. <u>Vor</u>sicht, 5. <u>Ab</u>sichten, 6. <u>Aus</u>sehen.
d) 1C, 2E/G, 3D/H, 4A/B, 5F, 6A, 7A/B, 8A.

Übung 5

a) <u>-nehmen</u>
   ab-, an-, auf-, aus-, be-, ein-, ent-, entgegen-, mit-, nach-, ver-, vor-, zu-.

IV.1 Wortbildung mit Vorsilben und Halbpräfixen - Lösungen 255

-nahme
Ab-, An-, Auf-, Aus-, Ein-, Ent-, Entgegen-, Mit-, Nach-, Vor-, Zu-.
b) 1D, 2H, 3C, 4A/G, 5E, 6B, 7A/B/C, 8I, 9C/F.
c) Ausnahmen
d) Reparaturannahme, Unfallaufnahme, Mitnahmemöbel.
e) 1. Die Einnahmen
2. Der Angesprochene hat an "Zunahme" gedacht, während der Beamte "Familienname" meinte.

Übung 6

a) **Verben:** finden, (sich) abfinden, sich anfinden, auffinden, (sich) befinden, vorfinden, wiederfinden.
   Adjektive: findig/fündig, ausfindig, befindlich.
   Substantive: Fund, Abfindung, Befinden/Befund.
b) 1. befindlichen, 2. aufgefunden, 3. vorgefunden.
c) 1. fündig werden, 2. findig/erfinderisch.

Übung 7

a) **Verben:** abkommen, ankommen, aufkommen, auskommen, bekommen, beikommen, einkommen, entkommen, entgegenkommen, herkommen, herabkommen, herunterkommen, hinkommen, hinunterkommen, loskommen, mitkommen, nachkommen, niederkommen, umkommen, verkommen, vorkommen, wiederkommen, zukommen.
   Adjektive: abkömmlich, auskömmlich, bekömmlich, herkömmlich, herabgekommen, heruntergekommen, hinkünftig, verkommen.
   Substantive: Abkommen/Abkunft, Ankunft, Aufkommen, Auskommen/Auskunft, Einkommen/Einkünfte, Entgegenkommen, Herkommen/Herkunft, Nachkommen, Niederkunft, Vorkommen, Wiederkunft, Zukunft.
b) Neben Substantiven, die mit "-kommen" gebildet werden, gibt es auch solche, die mit "-kunft" gebildet werden.
c) 1. ab-, 2. aus-, 3. entgegen-, 4. herunter-/herab-/herauf-, 5. aus-, 6. ent-, 7. be-, 8. mit-, 9. ver-, 10. auf-, 11. an-, 12. nach-.

d) 1. <u>vor</u>kommen, 2. <u>Nach</u>kommen, 3. <u>Ein</u>kommen, 4. <u>aus</u>kommen, 5. <u>ent</u>kommen, 6. <u>ver</u>kommen, 7. <u>um</u>kommen, 8. <u>vor</u>kommen.

Übung 8

a) <u>-drucken</u>
ab-, an-, auf-, aus-, be-, nach-, ver-, vor-.
<u>-druck</u>
Ab-, An-, Auf-, Aus-, Ein-, Nach-, Vor-.
b) 1. <u>Auf</u>druck, 2. <u>Ab</u>druck, 3. <u>Vor</u>druck, 4. <u>Ein</u>druck, 5. <u>Nach</u>druck, 6. <u>Aus</u>druck.

Übung 9

a) <u>Verb</u>
ab-, an-, auf-, aus-, be-, ent-, er-, nach-, ver-, vor-, zer-, zu-.
<u>Adjektiv</u>
<u>ab</u>geschlagen/<u>ab</u>schlägig, <u>an</u>geschlagen, <u>be</u>schlagen, <u>er</u>schlagen, <u>ver</u>schlagen, <u>zer</u>schlagen.
<u>Substantiv</u>
<u>Ab</u>schlag, <u>An</u>schlag, <u>Auf</u>schlag, <u>Aus</u>schlag, <u>Be</u>schlag, <u>Nach</u>schlag, <u>Ver</u>schlag, <u>Vor</u>schlag, <u>Zu</u>schlag.
b) 1. <u>an</u>geschlagen, 2. <u>zer</u>schlagen/<u>ab</u>geschlagen, 3. <u>be</u>schlagen, 4. <u>ver</u>schlagen.
c) <u>A   Subjekt:</u> 3. <u>an</u>schlagen, 4. <u>aus</u>schlagen, 6. <u>zu</u>schlagen, 7. <u>aus</u>schlagen.
<u>B Objekt:</u> 1. <u>nach</u>schlagen, 2. <u>zer</u>schlagen, 5. <u>auf</u>schlagen, 7. <u>be</u>schlagen, 8. <u>auf</u>schlagen, 9. <u>ein</u>schlagen.
d) 1. <u>vor</u>schlagen, 2. <u>er</u>schlagen, 3. <u>ab</u>schlagen.
e) 1. <u>Zu</u>schlag, 2. <u>Ver</u>schlag, 3. <u>Ab</u>schlag, 4. <u>Auf</u>schlag, 5. <u>Nach</u>schlag, 6. <u>Aus</u>schlag, 7. <u>An</u>schlag, 8. <u>Vor</u>schlag.
f) 1. Klavier/Piano/Tastatur, 2. Bombe, Pistole, 3. Schreibmaschine, 4. Schwimmbecken/Beckenrand, 5. Plakatwand/Litfaßsäule.

Übung 10

a) **-sagen**
   ab-, an-, auf-, aus-, be-, ent-, nach-, unter-, ver-, vor-, vorher-, zu-.
   -sage
   Ab-, An-, Aus-, Vorher-, Zu-.
   -sager
   An-, Ver-, Vor-.
b) 1. <u>ab</u>-/<u>zu</u>sagen, 2. <u>auf</u>sagen, 3. <u>an</u>-/<u>ab</u>sagen, 4. <u>vorher</u>sagen, 5. <u>nach</u>sagen, 6. <u>ver</u>sagen.
c) 1. <u>An</u>sage, 2. <u>Vorher</u>sage, 3. <u>Aus</u>sage.

Übung 11

a) **-lösen**
   ab-, auf-, aus-, ein-, er-, nach-.
   -lösung
   Ab-, Auf-, Ein-, Er-.
   -löser
   Aus-, Er-.
b) 1. <u>ab</u>lösen, 2. <u>auf</u>lösen, 3. <u>er</u>lösen, 4. <u>ein</u>lösen, 5. <u>nach</u>lösen, 6. <u>ab</u>-/<u>aus</u>lösen, 7. lösen, 8. <u>auf</u>lösen, 9. <u>aus</u>lösen.

Übung 12

1. friere, 2. <u>durch</u>gefroren, 3. <u>er</u>froren, 4. <u>zu</u>gefroren, 5. <u>ge</u>friert.

Übung 13

ver-.

IV.1 Wortbildung mit Vorsilben und Halbpräfixen - Lösungen

Übung 14

a) **ab**fallen, **an**fallen, **auf**fallen, **aus**fallen, **be**fallen, **ein**fallen, **ent**fallen, **ge**fallen, **her**fallen, **hin**fallen, **über**fallen, **ver**fallen, **vor**fallen, **zer**fallen, **zu**fallen.
b) 1. **ab**fallen, 2. **auf**-/**hin**fallen, 3. **zu**fallen, 4. **aus**fallen, 5. **an**fallen, 6. **be**fallen, 7. **ver**fallen.
c) 1. **zer**fallen, 2. **vor**fallen, 3. **hin**fallen.

Übung 15

a) **ab**fliegen
   andrehen, **an**gehen, **an**machen, **an**schalten, **an**springen, **an**zünden
   aufblühen, **auf**flammen/**auf**gehen (Sonne), **auf**leuchten, **auf**machen
   einschalten
   entflammen, **ent**zünden
   erblühen, **er**klingen, **er**tönen.
b) <u>A Subjekt:</u> 2. **an**gehen, 3. **auf**blühen/**er**blühen, 4. **er**klingen/**er**tönen, 5. **auf**flammen/**auf**leuchten, 6. **ab**fliegen, 7. **an**springen.
   <u>B Objekt:</u> 1. **an**zünden, 2. **an**-/**ein**schalten, **an**machen, **an**drehen, 5. **an**machen, 8. **an**drehen, 9. **an**-/**ein**schalten, **an**drehen.

Übung 16

a) **ab**blühen, **ab**brechen, **ab**drehen, **ab**schalten, **ab**stellen,
   aufbrauchen, **auf**essen,
   ausdrehen, **aus**gehen, **aus**löschen, **aus**schalten, **aus**stellen, **aus**sterben,
   erlöschen, **er**sterben,
   untergehen,
   verblühen, **ver**gehen, **ver**löschen, **ver**sterben.
b) <u>A Subjekt:</u> 4. **er**löschen/**ver**löschen, **aus**gehen, 5. **ver**blühen, 7. **unter**gehen, 8. **er**sterben, 11. **ab**blühen, 13. **ver**gehen.
   <u>B Objekt:</u> 1. **ab**brechen, 2. **auf**brauchen, 3. **ab**drehen, **ab**-/**aus**schalten, **ab**-/**aus**stellen, 6. **ab**brechen, 9. **auf**essen, 10. **ab**drehen/**ab**stellen, 12. **ab**drehen, **ab**stellen, **aus**drehen.

IV.1 Wortbildung mit Vorsilben und Halbpräfixen - Lösungen

Übung 17

a) <u>Amateur-:</u> -boxer, -fotograf, -funker, -sportler.
   <u>Hobby-:</u> -astronom, -detektiv, -filmer, -forscher, -fotograf, -gärtner, -historiker, -koch.
   <u>Liebhaber-:</u> -orchester.

b) Amateur- = nicht perfekt, nicht als Profi
   Hobby- = nicht berufsmäßig, nur zum Vergnügen
   Liebhaber- = aus persönlichem Interesse, aus Freude an etwas mit etwas beschäftigt

c) Hobbyfotograf = jemand, der Spaß am Fotografieren hat
   Amateurfotograf = jemand, der kein berufsmäßiger Fotograf ist.

Übung 18

1B, 2A/D, 3D, 4B, 5C, 6C, 7B, 8D, 9E, 10A, 11D, 12A, 13A, 14F, 15B, 16A, 17C, 18D, 19A.

Übung 19

1B/D/F, 2B/C, 3B, 4C, 5B/E, 6A, 7A/B/F, 8D/E, 9F, 10A/B/C/D/F, 11A/D/F, 12C/E, 13C/D, 14C, 15A/F, 16A/B, 17A/B/D/F, 18B/D/F, 19B/C.

Übung 20

a) **A:** 1, 3, 4, 6, 8, 9, 10, 11.
   B: 2, 3, 4, 5, 7, 8, 9, 10.
b) 3. formal   = die äußere Form betreffend
      formell = dem Gesetz nach, offiziell
   4. ideal   = den höchsten Vorstellungen entsprechend
      ideell   = vom Geistigen bestimmt
   9. rational = von der Vernunft bestimmt
      rationell = auf Wirtschaftlichkeit bedacht
   10. real   = in der Wirklichkeit vorhanden
       reell   = anständig, ehrlich

Übung 21

a) **A:** 3. Bierchen, 7. Frauchen, 11. Kindchen, 18. Tischchen, 19. Weinchen.
   B: 1. Ärmchen, 2. Bäumchen, 4. Brötchen, 5. Fäustchen, 8. Händchen, 9. Häuschen, 12. Männchen, 13. Reförmchen, 15. Schnürchen, 16. Skandälchen, 20. Würstchen.
   C: 14. Rippchen.
   D: 6. Fläschchen, 10. Kätzchen, 17. Tännchen.
b) 4. Brötchen = rundes oder längliches Gebäck aus Weizenmehl.
   14. Rippchen = Fleisch (vom Schwein) aus dem Bereich der Rippen mit den dazugehörigen Knochen.
   20. Würstchen = Wursterzeugnis im Stück, oft zum Warmmachen, z.B. Wiener Würstchen
c) 1. Fäustchen, 2. Händchen, 3. Schnürchen.
d) 1. voll heimlicher Schadenfreude sein, 2. sich zärtlich bei den Händen halten, 3. Etwas geht reibungslos.

Übung 22

a) **A:** 5. Ingenieurin, 6. Norwegerin, 8. Vertreterin.
   B: 1. Ärztin, 2. Bäuerin.
   C: 3. Dänin, 7. Türkin.
   D: 4. Französin.

b) Frau Bürgermeister, Frau Minister (in der Anrede).

Übung 23

a) 1. -ig, 2. -lich, 3. -ige; -ige; -lich, 4. -lich, 5. -ige, 6. -ige.

b) **-ig:** eine bestimmte Zeit dauernd oder eine bestimmte Zeit an Jahren habend, z.B.:
ganzjährig = das ganze Jahr hindurch
dreijährig = drei Jahre alt, drei Jahre hindurch, dauernd
dreiwöchig = drei Wochen dauernd
-**lich:** in einem bestimmten zeitlichen Abstand wiederkehrend, sich wiederholend, z.B.:
dreiwöchentlich = alle drei Wochen

Übung 24

a) 1C, 2A, 3B, 4A, 5C, 6C, 7C, 8C, 9C.
b) 1. Bücher, 2. Blutkonserven, 3. Kaffee und Kuchen, 4. Daten, 5. Diapositive, 6. Musik zum Anhören und Tanzen, 7. alles fürs Hobby, 8. Tonbänder/Schallplatten, 9. Videofilme.

Übung 25

a) 1. kreisförmig, 2. eiförmig, 3. bogenförmig, 4. spiralförmig, 5. würfelförmig, 6. rautenförmig, 7. trichterförmig, 8. herzförmig.
b) unförmig
c) 1. quadratisch, 2. rechteckig.

Übung 26

a) A: 1, 2, 3, 5, 9, 10, 11, 12, 14, 15, 16, 17, 18, 19, 20, 22, 23, 25, 26, 27, 28.
B: 3, 4, 6, 7, 8, 13, 21, 24.
C: 2, 9, 14, 18, 20, 23.
D: 12, 22, 25, 27.
b) 1. schadstofffreies, 2. akzentfreies, 3. steuerfreies/steuerpflichtiges, 4. Obdachlosen-, 5. Gehörlosen-, 6. alkoholfreie/alkoholhaltige, 7. koffeinfreier/koffeinhaltiger, 8. ärmelloses/bügelfreies/kniefreies/knitterfreies/schulterfreies, 9. jodhaltige, 10. bartloser, 11. jodfreies/jodhaltiges/rezeptfreies/rezeptpflichtiges, 12. bleifreies, 13. arbeitsfreies/schulfreies, 14. ausweglose, 15. blockfreie, 16. kreisfreie, 17. bügelfreier/knitterfreier, 18. arbeitsfreies, 19. bargeldloser, 20. arbeitsfreie/schulfreie/vorlesungsfreie, 21. atomwaffenfreie.

Übung 27

-zeitig

Übung 28

a) 1. fahrbereit, 2. schlafbereit, 3. schußbereit, 4. abrufbereit, 5. betriebsbereit, 6. eßbereit, 7. einsatzbereit, 8. servierbereit, 9. sprech-, gesprächsbereit, 10. hilfsbereit.

b)

Verb	Adjektiv	Substantiv
fahren		Betrieb
schlafen		Einsatz
abrufen		Gespräch
essen		Hilfe
servieren		Schuß
sprechen		

c) Die Wörter auf "-bereit" werden von Substantiven oder Verben abgeleitet. Manche werden mit einem Fugen-s gebildet (z.B. gespräch-s-bereit).

Übung 29

a) <u>A:</u> 4, 5, 7, 8 (gefühlsarm), 10.
   <u>B:</u> 1, 3, 4, 13, 15.
   <u>C:</u> 7, 10.
   <u>D:</u> 1, 3, 5, 7, 8 (gefühllos), 9, 10, 11, 12, 13, 14, 15.
   <u>E:</u> 2, 6.

b) 1. arbeitsfrei = von beruflicher Arbeit frei
   arbeitslos = erwerbslos
   3. fehlerfrei = ohne Fehler
   fehlerlos = ohne Fehler
   4. fettarm = wenig Fett enthaltend
   fettfrei = kein Fett enthaltend
   5. fleischarm = wenig Fleisch enthaltend (z.B. fleischarme Kost)
   fleischlos = ohne Fleisch
   7. gedankenarm = arm an eigenen, schöpferischen Gedanken
   gedankenleer = ohne Gedanken
   gedankenlos = unüberlegt
   8. gefühlsarm = wenig Gefühl habend
   gefühllos = ohne Gefühl
   10. inhaltsarm = mit wenig Inhalt

inhaltsleer = ohne Inhalt
inhaltslos = ohne eigentlichen Inhalt
13. schmerzlos = keine Schmerzen verursachend
schmerzfrei = keine Schmerzen mehr habend
15. zwecklos = keinen Zweck habend
zweckfrei = keinem bestimmten Zweck dienend

c) 1. gedankenlose, 2. fehlerfreies, 3. kinderloses, 4. schmerzloser, 5. geburtenschwache, 6. fleischlose/fleischarme, 7. arbeitsloser, 8. schmerzfreier, 9. arbeitsfreier, 10. schmerzlose, 11. zwecklose, 12. zweckfreie.

Übung 30

1. a) erblassen = blaß werden
   b) verblassen = (an Farbe) schwächer werden
   c) ausblassen = die Farbe fast ganz verlieren
2. a) bräunen = braun werden (in der Sonne bräunen)
   b) bräunen = braun machen (die Sonne hat ihn sehr gebräunt)
3. vergilben = im Laufe der Zeit seine ursprüngliche Farbe verlieren und einen gelblichen Farbton bekommen (Papier) (eigentlich "gelb machen")
4. a) vergrauen = grau werden (Wäsche)
   b) ergrauen = graue Haare bekommen
5. erröten = rot werden
6. a) schwärzen = schwarz machen
   b) anschwärzen = jemanden bei jemandem schlechtmachen
7. weißen = weiß anstreichen

IV.3 Ableitung aus Adjektiven - Lösungen

Übung 31

A: 1. verarmen, 2. verdicken, 3. verdünnen, 5. erhöhen, 7. verkürzen, 9. verlangsamen, 11. erniedrigen, 12. verrohen, 14. verschönen, 15. schwächen, 16. erschweren, 17. stärken/erstarken.
B: 4. vergrößern, 6. verkleinern, 8. verlängern, 10. erleichtern, 13. schmälern, 14. verschönern.

Übung 32

[-a]: 12. Pizza, 13. Razzia, 14. Sauna.
[-as]: 2. Atlas.
[-e]: 11. Pastete.
[-en]: 4. Daumen.
[-um]: 1. Album, 3. Datum, 5. Forum, 9. Medium, 10. Museum, 15. Zentrum.
[-us]: 7. Globus.
[-]: 6. Frau.

Das Wort "Marginalien" gibt es immer nur im Plural, das Wort "Medien" im Sinne von "Presse, Funk, Fernsehen" ebenfalls. Im Singular hat es die Bedeutung von "Mittel, Vermittlerperson" (z.B. Sie läßt sich leicht in Trance versetzen = sie ist eine gutes Medium).

Übung 33

1B, 2B, 3A, 4A, 5B, 6A, 7A.

Übung 34

a) <u>Singular:</u> 2, 4, 7.
   <u>Plural:</u>   1, 3, 5, 6, 8.
b) 1. Abstraktum, 2. Aromen, 3. Examen, 4. Kommata, 5. Lexikon,
   6. Minimum, 7. Pizzen, 8. Visum.

Übung 35

<u>A [-en]:</u> 3. Konten, 6. Risiken.
<u>B [-i]:</u> 5. Porti.
<u>C [-s]:</u> 1. Autos, 4. Lottos.
<u>D [nur Singular]:</u> 2. Kasko.

Übung 36

<u>A [-o]:</u> 1. Cello, 3. Porto, 4. Solo, 5. Tempo.
<u>B [-us]:</u> 2. Numerus.

V.1 Begriffe, die zusammengehören - Lösungen

Übung 1

a) 1G, 2 O, 3J, 4K, 5D/L, 6B, 7H, 8I, 9P, 10G, 11F/Q, 12J, 13M, 14C, 15N, 16E, 17A.
b) Alle haben Einkünfte, ein Einkommen, bekommen Geld.
c) -
d) Ein sehr geringer Lohn.
e) Der Leierkastenmann; er verdient sein Geld im Handumdrehen.

Übung 2

a) 1B, 2C, 3D, 4A.
b) -

Übung 3

a) 1D, 2M, 3E, 4D/P, 5F, 6J, 7A, 8H, 9I, 10 O/R, 11P, 12E/K, 13N, 14B, 15C, 16L/Q, 17A, 18G.
b) Statt "Geschäft" muß es "Praxis" heißen.
c) -
d) Die Aufschneiderin.

Übung 4

a) 1E, 2D, 3B, 4A/C, 5A.
b) -

Übung 5

a) 1 - e - B, 2 - b - A/D, 3 - d - F, 4 - a - C, 5 - b - D, 6 - c - E.
b) Ein schrottreifes Auto kommt auf den "Autofriedhof".
c) In den Hafen der Ehe.
d) Ständiger Parkplatz eines Autos auf der Straße (in der Nähe einer Laterne).

e) -

Übung 6

a) 1 - f - G, 2 - h - H, 3 - d/o - O, 4 - l - J, 5 - n - F,
   6 - j - P, 7 - k - L, 8 - i - M, 9 - c - D, 10 - g - N,
   11 - j - B, 12 - d/o - I, 13 - e - C, 14 - b - K, 15 - m - A,
   16 - a - E.
b) Sich bescheiden, zurückstecken.
c) -
d) Der Chirurg? Nein; seine "Kunstfehler" kommen sofort unter die Erde. Der Maler muß mehr aufpassen, denn seine "Kunstfehler" hängen noch Jahrhunderte an der Wand.

Übung 7

a) 1G, 2A, 3B, 4J, 5F, 6I, 7H, 8C/E, 9D.
b) -

Übung 8

a) 1C, 2M, 3B, 4E, 5P, 6Q, 7L/N, 8J, 9H, 10G, 11D, 12A, 13K, 14 O, 15I, 16F, 17M.
b) -
c) B.

Übung 9

a) 1A, 2G, 3C, 4E, 5F, 6B, 7D.
b) -

Übung 10

a) 1B/G, 2G, 3F/G, 4A, 5E/G, 6C/D, 7A/G.
b) 1C, 2A, 3B.
c) Untersetzer.
d) -

Übung 11

a) 1. Auto-/Fahrbahn, 2. Kegelbahn, 3. Aschenbahn, 4. Umlaufbahn, 5. Rodelbahn, 6. Eisbahn, 7. Stoffbahn.
b) Laufbahn.
c) 1. Auf Schienen, 2. Auf Gleisen.

Übung 12

a) 1C/T, 2D/E/N, 3I/L/O/P, 4H, 5K, 6L, 7M, 8D/E, 9J, 10F/G, 11Q, 12A/B/O, 13R, 14Q, 15S, 16H/L, 17H/O, 18P, 19Q, 20I/O, 21U.
b) verdorben, kaputt.
c) -

Übung 13

a) 1. Butzenscheiben, 2. Windschutzscheibe, 3. Oberlicht, 4. Sichtfenster, 5. Schaufenster, 6. Dachluke, 7. Bullauge, 8. Spion/Guckloch, 9. Schauglas.
b) -

Übung 14

1. Hautarzt/Dermatologe, 2. Internist/Chirurg, 3. Hausarzt/Hals-Nasen-Ohren-Arzt (HNO), 4. Hausarzt/Onkologe, 5. Hausarzt/Proktologe, 6. Zahnarzt, 7. Kardiologe, 8. Orthopäde/Masseur, 9. Urologe, 10. Hausarzt/Arzt für Allgemeinmedizin/Internist, 11. Augenarzt, 12. Unfallarzt, 13. Notarzt, 14. Frauenarzt/Gynäkologe,

15. Röntgenarzt/Radiologe, 16. Arzt für Naturheilkunde/Heilpraktiker.

Übung 15

a) 1N, 2A/E/H/K/L/O, 3D/I/J/O, 4B/C/D, 5Q, 6B/C, 7F/G, 8B/C/D/H/I/J/O, 9A/E/K/L/P, 10M.
b) -

Übung 16

1E, 2B, 3H, 4 O, 5G, 6Q, 7I, 8K, 9L, 10N, 11C, 12D, 13J, 14P, 15A, 16F, 17M.

Übung 17

a) 1J, 2E, 3D, 4H, 5I, 6G, 7B, 8K, 9A, 10L, 11F, 12C.
b) 12C; da er für zwei (gegnerische) Parteien tätig ist, braucht er diesen besonderen Schutz.
c) -

Übung 18

a) 1 - e - Bürger, 2 - f - Gemeinde, 3 - b - Bürger, 4 - d - Studenten, 5 - a - Publikum, 6 - c - Kommilitonen.
b) -
c) Der Busfahrer, denn bei seiner Fahrt schicken alle Insassen Stoßgebete zum Himmel.

Übung 19

a) 1D, 2E, 3N, 4A/L/O, 5B, 6F, 7H, 8M, 9E, 10C, 11M, 12J, 13K, 14G/I, 15I, 16B.
b) -

Übung 20

1D, 2F, 3A, 4A/B, 5C, 6E.

Übung 21

a) 1B, 2E, 3G/I/J, 4F, 5F, 6G/J, 7A, 8D, 9H/I/J, 10C.
b) -

Übung 22

a) 1L, 2A, 3C, 4H, 5B, 6 O, 7I, 8J, 9D, 10K, 11F, 12E, 13N, 14M, 15G.
b) -
c) Im Kaufhaus.

Übung 23

1D, 2A, 3F, 4E, 5G, 6B, 7H, 8C.

Übung 24

1B, 2A, 3D, 4C.

Übung 25

1. Perle, 2. Rogen/Kaviar, 3. Ei, 4. Ei, 5. Milch, 6. Wolle, 7. Milch/Käse.

Übung 26

1. Wipfel, 2. Schnee/Eis, 3. Getreide/Heu/Korn/Stroh, 4. Selbst-

bedienung, 5. Kloster; Mensa, 6. Flügel; Flossen, 7. Esel; Hund,
8. fliegen, 9. anlegen.

Übung 27

a) 1 - h - Raubmord,   2 - c - Diebstahl,   3 - f - Erpressung,
   4 - g - Mord,   5 - i - Triebverbrechen,   6 - e - Entführung,
   7 - b - (Verkehrs)delikt,   8 - a - Attentat,   9 - d - Einbruch.
b) Triebwagen.

Übung 28

a) 1D/F, 2F, 3B/E/F, 4B, 5D/F, 6B/C/F.
b) 1D, 2C (Handschrift: haben, verstellen; Schriftstück, geschriebener Text: verfassen, veröffentlichen; Schrifttyp: verwenden), 3B, 4A.
c) Lauten.

Übung 29

a) Alle Verben passen.
b) Beispielsätze:
   fallen: Die Entscheidung (Subjekt) ist endlich gefallen (= getroffen worden)
   fällen/treffen: Eine Entscheidung (Objekt) zu fällen/zu treffen (= etwas zu entscheiden) ist für manche Menschen nahezu unmöglich.

Übung 30

1E, 2D, 3F, 4B, 5C, 6C/F, 7A.

Übung 31

1C, 2A, 3B.

Übung 32

1B, 2D, 3A, 4F, 5C, 6E.

Übung 33

a) 1G, 2M, 3H, 4E/O, 5N, 6I, 7F, 8K, 9D, 10B, 11L, 12J, 13A, 14C.
b) 1. Kind und Kegel, 2. Kopf und Kragen, 3. Hopfen und Malz, 4. Mann und Maus, 5. Haus und Hof, 6. Tuten und Blasen, 7. Himmel und Menschen, 8. Himmel und Hölle, 9. Stock und Stein, 10. Glanz und Gloria; Ach und Krach, 11. Pauken und Trompeten, 12. Knall und Fall, 13. Tür und Tor, 14. Schloß und Riegel.

Übung 34

a) 1D, 2E, 3C, 4A/F, 5B, 6K, 7A/F, 8L, 9J, 10H, 11G, 12I.
b) 12I.

Übung 35

A: 5, 12, 14.
B: 2, 15.
C: 3, 7, 8, 10, 11.
D: 1, 6, 13.
E: 4, 9.

V.3 Zusammengesetzte Wörter - Lösungen

Übung 36

3.

Übung 37

1C, 2A, 3A, 4B, 5A.

ERKLÄRUNG: Rundschreiben eines Bischofs, das vom Pfarrer in der Kirche verlesen wird, religiösen Inhalt hat und sich an die Gemeinde richtet.

Übung 38

A: 2, 3, 8, 9, 10.
B: 1, 4, 5, 6, 7, 11, 12.

Übung 39

a) damen-, Damen-: 1, 5, 6, 10, 15, 16, 17, 22, 27.
   damen-, Damen-, herren-, Herren-: 2, 3, 4, 7, 8, 11, 13, 20, 23, 25.
   herren-, Herren-: 9, 12, 14, 18, 19, 21, 24, 26, 28.

b) Bei frauen-/männerspezifischen Dingen oder Besonderheiten (Damenwahl, Herrentorte) ist nur "damen-/Damen-" bzw. nur "herren-/Herren-" möglich.

c) Im Unterschied zur Königswahl und zur Präsidentenwahl, bei der der König/der Präsident gewählt werden, wählt bei der Damenwahl die Dame (ihren Partner zum Tanzen) selbst.

d) -

Übung 40

a) Menschen-/menschen-: 1, 2, 3, 4, 5, 7, 8, 9, 11, 13, 14, 18, 20.
   Männer-/männer-: 2, 5, 6, 10, 12, 15, 16, 17, 19.

b) Menschen-/menschen-
   1. -fresser   = Kannibale
   2. -freund   = jemand, der die Menschen liebt
   3. -führung   = Einflußnahme auf andere Menschen, z.B. durch Vorgesetzte
   4. -gewimmel   = dichtgedrängte Menschenmenge
   5. -haar   = menschliches Haar
   7. -handel   = Handel mit Menschen (z.B. Sklaven, Prostituierten)
   8. -kenner   = jemand, der andere Menschen richtig zu beurteilen vermag
   9. -leben   = Lebenszeit eines Menschen
   11. -rechte   = unabdingbares Recht des Menschen auf freie Entfaltung in einem Staatswesen
   13. -scheu   = abweisend, schüchtern im Umgang mit Menschen
   14. -seele   = das Innerste eines Menschen
   18. -verstand = der normale, klare Verstand eines Menschen
   20. -würde   = geistig-sittliche Würde des Menschen

   Männer-/männer-
   2. -freund   = Mann, der gerne mit Männern Kontakte hat
   3. -haar   = Haar eines Mannes
   6. -hand   = Hand eines Mannes
   10. -mordend   = als Frau in gefährlichem Maße verführerisch
   12. -sachen   = Kleidung von Männern
   15. -station   = Station für männliche Patienten im Krankenhaus
   16. -stimme   = Stimme eines Mannes
   17. -überschuß = Überschuß an Männern gegenüber der Zahl der Frauen
   19. -welt   = Gesamtheit der Männer

Übung 41

a) <u>kind-/Kind-:</u> 8, 10, 11, 20.
   <u>kinder-/Kinder-:</u> 2, 4, 5, 6, 8, 9, 13, 14, 15, 16, 17, 18, 19, 21, 23.
   <u>kindes-/Kindes-:</u> 1, 3, 7, 12, 22.
   <u>kinds-/Kinds-:</u> 13, 14, 20.

b) <u>kind-/Kind:</u> -frau = Mädchen, das seinem Alter nach noch fast ein Kind, körperlich aber schon entwickelt ist und zugleich unschuldig und raffiniert wirkt; -gemäß = -gerecht; -haft = wie ein Kind; -taufe = Taufe eines Kindes.

   <u>kind(e)s/Kind(e)s:</u> im -alter = in der Kindheit; von -beinen an = von Kindheit an, von klein auf; -entführung = Entführung eines Kindes; -kind = Enkel; -kopf = jemand, der sich albern benimmt; -kopfgroß = so groß wie ein Kinderkopf; -taufe = Taufe eines Kindes; -vater = Vater eines Kindes.

   <u>kinder-/Kinder:</u> -arzt = Arzt für Kinderheilkunde; -bett = Bett für Kinder; -bild = Bild eines Kindes; -dorf = Einrichtung zur Betreuung elternloser Kinder; -frau = Betreuerin eines Kindes; -freundlich = Kindern gegenüber positiv eingestellt; -kopf = Kopf eines Kindes; -kopfgroß = so groß wie ein Kinderkopf; -krankheit = Krankheit, die man im allgemeinen im Kindesalter bekommt; -leicht = ganz leicht (zu machen); -paradies = Ort, an dem es viele Möglichkeiten zur Unterhaltung für Kinder gibt; -reich = viele Kinder habend; -sachen = Kinderkleidung; -teller = (im Restaurant) kleine Portion für Kinder; -wagen = kleiner Wagen zum Spazierenfahren eines Kindes.

c) –

d) Weil es auch eine "Schneewehe" gibt.

Übung 42

1. Stammgast, 2. Zaungast, 3. Fahrgast, 4. Fluggast/Flugpassagier, 5. Passagier, 6. blinder Passagier, 7. ungebetener Gast, 8. Hotelgast, 9. Bade-/Kurgast, 10. Urlaubs-/Feriengast, 11. Ehrengast.

Übung 43

a) **A:** 1, 3, 6, 8.
   B: 2, 4, 5, 7, 9, 10.
b) **A:** 1. auf Jahrmärkten aufgestellte Bahn, die durch Geräusche und Erscheinungen die Mitfahrenden erschrecken soll.
   3. jemand, der auf der Autobahn nicht in der vorgeschriebenen Richtung fährt.
   6. unheimliche, verlassene Stadt.
   8. mitternächtliche Stunde.
   B: 2. plötzlicher geistreicher Einfall.
   4. Fähigkeit, in unvorhergesehenen Situationen schnell und richtig zu reagieren.
   5. durch eine Krankheit verursachte schwere geistig-seelische Störung.
   7. krankhafte Veränderung der geistigen Funktionen.
   9. Wissenschaften, die die Gebiete der Kultur und des geistigen Lebens zum Gegenstand haben.
   10. Zustand des Geistes im Hinblick auf mögliche Störungen.

Übung 44

a/b) 1F: Zeiten, die z.B. für die Rentenversicherung nicht anerkannt werden.
   2C: Zeiten, zu denen man im Stadion eislaufen kann.
   3B: Zeiten, zu denen das Publikum Zugang zu einer Behörde hat.
   4D,E: Zeiten, zu denen ein Film/Theater gespielt wird.

5A: Zeiten, zu denen man einen Arzt konsultieren kann.
c) -

Übung 45

1. das Thermometer, 2. der Kilometer, 3. der Tachometer, 4. der Geometer, 5. der Gasometer, 6. das Manometer, 7. das Barometer, 8. der Millimeter; der Zentimeter.

Übung 46

1. Muttersprache, 2. Kindersprache, 3. Zeichensprache, 4. Geheimsprache, 5. Hoch-, Standardsprache, 6. Umgangssprache.

Übung 47

1. Gallen-, Nierenstein, 2. Zahnstein, 3. Edelstein, 4. Dominostein, 5. Back-, Ziegelstein, 6. Grabstein, 7. Kilometerstein, 8. Bordstein, 9. Stolperstein/Stein des Anstoßes.

Übung 48

1. Badehose, 2. Badeanzug, 3. Frei-, Strandbad, 4. Hallenbad, 5. Bademantel, 6. Kurbad; Badekur, 7. Badewanne, 8. Badezimmer.

Übung 49

A: 2. -frage, 3. -funktion, 6. Kontrolleuchte, 8. -punkt, 10. -stempel, 11. -uhr, 13. -zentrum.
B: 1. Fahrkarten-, 4. Geburten-, 5. Gewichts-, 7. Polizei-, 9. Rüstungs-, 12. Verkehrs-, 14. Zoll-.

Übung 1

a) <u>A:</u> 2, 3.
   <u>B:</u> 1, 3, 5.
   <u>C:</u> 3, 4, 6, 7.
b) 2. dick - dünn, 3. dunkel - hell, 4. konvex - konkav, 5. leer - voll, 6. schwach - stark, 7. stark - schwach.
c) <u>A:</u> 2, 5, 7, 8.
   <u>B:</u> 3, 4, 5, 6, 7, 8.
   <u>C:</u> 1, 7, 8.
d) 1. aufsetzen - abnehmen/absetzen, 3. füllen - leeren.
e) In der Redewendung bedeutet Glas = Trinkgefäß. Die Redewendung selbst bedeutet: zu viel Alkohol trinken und nicht mehr nüchtern sein.

Übung 2

<u>A:</u> 1, 2, 6, 7, 9, 11, 12, 14.
<u>B:</u> 3, 4, 5, 7, 8, 10, 13, 15.

Übung 3

<u>A:</u> 2, 4.
<u>B:</u> 6, 7.
<u>C:</u> 1, 3, 5, 8, 9.

Übung 4

Ausschnitt.

Übung 5

der/die Kiefer.

Übung 6

Becken.

Übung 7

Spion.

Übung 8

Anhänger.

Übung 9

1. Die See, 2. Der See.

Übung 10

1. (Koch)rezept, 2. Rezept.

Übung 11

a) Beim Ober bestellt man Essen, kein Taxi (zumindest nicht vor dem Essen).

VI.1 Wörter mit unterschiedlichen Bedeutungen - Lösungen

b)

Was kann	wer A	wie B	wo bestellen? C
1 Acker	Bauer/Landwirt	mit dem Pflug	auf dem Land
2 Ersatzteile	Kunde	telefonisch, schriftlich	Firma/Fabrik
3 Grüße	Freund(in), Bekannte(r), Verwandte(r)	mündlich, im Brief	
4 Konzertkarten	Konzertbesucher	schriftlich, telefonisch	Konzertagentur
5 Taxi	Fahrgast	telefonisch	Taxizentrale
6 Wein	Gast	mündlich	Restaurant
7 Zeitung	Abonnent	schriftlich, telefonisch	Zeitung, Verlag
8 Zimmer	Feriengast	schriftlich, telefonisch	Hotel, Pension

c) 1. pflügen, 2. ordern, 3. ausrichten/übermitteln, 4. reservieren lassen, 5. kommen lassen/rufen, 6. ordern, 7. abonnieren, 8. reservieren/buchen.

Übung 12

1D, 2B, 3A, 4B, 5A/D, 6C.

Übung 13

1. Milch, 2. Topf, 3. Eimer, 4. Soldat/Deserteur, 5. Schauder, 6. Faß, 7. Badewanne, 8. Becken.

Übung 14

a) 1. Scheck/Wechsel, 2. Verlobung, 3. Termin.
b) 1. Rohr, 2. Reifen, 3. Luftballon, 4. Seifenblase.
c) Jemand, der ärgerlich ist.

Übung 15

1. Tablette, 2. Ehe/Verlobung, 3. Konto, 4. Firma/Verein, 5. Demonstration.

Übung 16

a) 1. Paß/Ausweis, 2. Uhr, 3. Wasser, 4. Badewanne, 5. Frist, 6. Diskussion/Programm.
b) 1. Strecke, 2. Geschäfte/Läden, 3. Schuhe/Absätze.

Übung 17

1. Leiche, 2. Laiche.

Übung 18

a) Ausweg = Lösung; Gegenteil von Ausgang = Eingang.
b) <u>Ausweg:</u> 3, 5.
   <u>Ausgang:</u> 1, 2, 4.
c) <u>Ausgang:</u> Tür, durch die man hinausgehen kann.
   <u>Ausweg:</u> Möglichkeit, die aus einer widrigen Situation hinausführt.
   Ausweg = abstrakt, Ausgang = konkret.

Übung 19

1. -bedarf, 2. Bedürfnis-, 3. das Bedürfnis, 4. den Bedarf.

Übung 20

Der letzte Satz unter 1. Hier wurden Statist und Statistiker verwechselt.
<u>Statistiker:</u> jemand, der sich wissenschaftlich mit den Grundlagen der Statistik befaßt.
<u>Statist:</u> Darsteller, der als stumme Figur im Theater mitwirkt.

Übung 21

1. Drachen, 2. Drachen, 3. Drache.

Übung 22

1. Champignon, 2. Champion.

Übung 23

1. Salat, 2. Salut.

Übung 24

a) A: 4, 5, 6, 8, 9, 15, 17, 18, 19, 20, 21.
   B: 2, 3, 10.
   C: 1, 7, 11, 12, 13, 14, 15, 16, 19.
b) Rauchwaren = 1. Artikel für Raucher, 2. Pelzwaren (Rauch hier = "rauh", haarig).
   Räucherware = geräucherte Waren.

Übung 25

vermuten = ahnen; bestrafen = ahnden.

Übung 26

a) A: 6, 9.
   B: 3, 8, 11.
   C: 1, 2, 4, 5, 7, 10.
b) aufsuchen = aus einem bestimmten Grund zu jemandem/irgendwohin gehen

   besichtigen = aufsuchen und betrachten

   besuchen = sich zu jemandem/irgendwohin begeben, um an etwas teilzunehmen, jemanden/etwas zu sehen.

Übung 27

A: 5.
B: 1, 3, 6.
C: 2, 4.

Übung 28

a) 1. fettig, 2. fett.
b) 1. fett, 2. fettig.
c) 1. fett, 2. fettig.

d) fettes Gesicht   = feistes Gesicht
   fettiges Gesicht = Gesicht mit glänzender Hautoberfläche.

Übung 29

a) 1. überaltert, 2. veraltet.
b) überaltert = überwiegend aus älteren Menschen bestehend
   veraltet   = überholt, unmodern.

Übung 30

1. fließend, 2. flüssig, 3. flüssig, 4. fließender, 5. fließend.

Übung 31

1. versalzen, 2. salzig, 3. gesalzene, 4. gesalzen.

Übung 32

a) 1. akute, 2. Aktuelle/Akute, 3. akute, 4. aktuelles, 5. aktuelles.
b) akut   = zur Zeit gerade auftretend, vorhanden
   aktuell = der Zeit entsprechend, zeittypisch.

Übung 33

1. effiziente, 2. effektiv, 3. effektive, 4. effizient, 5. effektvollen, 6. effizienten, 7. effektvollen.

Übung 34

a) 1. rückwärts, 2. rückwärts, 3. zurück, 4. rückwärts, 5. zurück.

b) rückwärts = mit dem Rücken voran.
   zurück   = wieder in Richtung auf den Ausgangspunkt, -ort.

Übung 35

1. verschleiert/schleierhaft, 2. schleierhaft, 3. verschleiert.

Übung 36

1. vertraut, 2. vertraulich, 3. vertraut, 4. vertraulich, 5. vertraut, 6. vertrauliche, 7. vertraut.

Übung 37

1. grausigen/gräßlichen, 2. gräßlicher/grauenhafter, 3. grausiges/gräßliches/grauenhaftes, 4. grausam, 5. grauenhafte.

Übung 38

a) 1. geborene, 2. geboren, 3. gebürtiger, 4. geborene, 5. gebürtig, 6. geborene.

b) gebürtiger Berliner = in Berlin geboren, aber nicht mehr dort wohnend
   geborener Berliner = jemand, der in Berlin geboren ist und dort auch lebt im Unterschied zu anderen in Berlin Wohnenden, die dort nicht geboren sind.

Übung 39

1. selbsttätig, 2. selbständig, 3. selbständig.

Übung 40

1. verständig, 2. verständnisvollen.

Übung 41

1. geistiger, 2. geistliche, 3. geistig, 4. geistige, 5. geistliches.

Übung 42

1. Paar, 2. paar, 3. paar, 4. Paar, 5. paar, 6. paar, 7. Paar.

Übung 43

a) 1. Eis<u>tüte</u>, 2. Brust<u>korb</u>, 3. Maul<u>korb</u>, 4. Maul<u>tasche</u>, 5. Wind<u>beutel</u>, 6. Tennis<u>netz</u>.
b) <u>SCHERZFRAGE:</u> Nervenbündel.

Übung 44

a) 1. Hühnerauge, 2. Katzenauge, 3. Ohrwurm, 4. Gänsehaut, 5. Hasenfuß, 6. Spatzengehirn, 7. Katzenzunge, 8. Schweineohr, 9. Eselsohr, 10. Ohrmuschel.
b) 1. schmerzende Hornhautbildung auf einem Zeh, 2. Rücklicht am Fahrrad, 3. beliebter Schlager, beliebter aktueller Musiktitel, 4. Hautveränderung, z.B. wenn man friert, 5. Feigling, 6. geringer Verstand, 7. Süßigkeit aus Schokolade, 8. Gebäck, 9. umgeknickte Ecke einer Seite, 10. Teil des Ohres.

Übung 45

a) 1. Angsthase, 2. Baulöwe, 3. begossener Pudel, 4. blöde Gans/Kuh/Ziege, 5. Bürohengst, 6. Galgenvogel, 7. Kredithai, 8. Partylöwe, 9. Pfingstochse, 10. Platzhirsch, 11. Salonlöwe, 12. Schmeichelkatze, 13. Schmusekatze, 14. Spaßvogel.
b) 1. jemand, der ängstlich ist, 2. dominierender Bauunternehmer, 3. jemand, der zurechtgewiesen wurde o.ä. und betreten dasteht, sieht aus wie ein begossener Pudel, 4. Schimpfwort in bezug auf eine weibliche Person, über die man sich geärgert hat, 5. abwertende Bezeichnung für einen Mann, der in einem Büro arbeitet, 6. Taugenichts, leichtfertige, durchtriebene Person, 7. abwertende Bezeichnung für einen Kreditverleiher, der sehr hohe Zinsen nimmt, 8. gewandter Mann, der sich auf Partys gern in Szene setzt, 9. jemand, der sehr herausgeputzt ist, 10. Mann, der sich in einer Gruppe am stärksten behauptet, 11. siehe Punkt 8, 12. (weibliche) Person, die gern zärtlich ist oder durch Schmeicheln etwas erreichen möchte, 13. (weibliche) Person, die gern schmust, 14. lustige Person.

VI.4 In übertragener Bedeutung gebrauchte Wörter - Lösungen 289

Übung 46

a) 1. Schnapsidee, 2. Gerstenkorn, 3. Milchstraße, 4. Saftladen.
b) Barbier = veraltet für Herrenfriseur.
c) 1. verrückter Einfall, 2. eitrige Entzündung einer Hautdrüse am Augenlid, 3. aus einer großen Zahl von Sternen bestehender breiterer, heller Streifen am Himmel, 4. abwertende Bezeichnung für: schlecht geführter Betrieb.

Übung 47

a) 1. Verkehrsinsel, 2. Niemandsland, 3. Schuldenberg, 4. Ameisenstaat, 5. Geisterstadt, 6. stilles Örtchen.
b) 1. erhöhte Stelle innerhalb der Fahrbahn zum Schutz von Fußgängern, 2. zwischen zwei Fronten gelegenes Gebiet, Gelände, Land, 3. sehr hohe Schulden, 4. Insektenstaat der Ameisen, 5. (unheimliche) verlassene Stadt, 6. Toilette.

Übung 48

1. jemanden beerdigen, 2. er hat nicht mehr lange zu leben, 3. zum Abendmahl gehen, 4. im Gefängnis, 5. Geburt eines Kindes, 6. falls ich sterbe, 7. heiraten, weil ein Paar unvorhergesehen ein Kind erwartet, 8. auf die Toilette gehen müssen, 9. eine Frau, ein Paar erwartet ein Kind.

Übung 49

a) -
b) 1B, 2H, 3A, 4G, 5C, 6E, 7F, 8I, 9D.

VI.5 Phraseologismen - Lösungen

Übung 50

2.

Übung 51

3.

Übung 52

a) 1.
b) Seemann.

Übung 53

1. rund um die Uhr = den ganzen Tag und auch die ganze Nacht
2. auf die Tube drücken = (in bezug auf ein Auto) stark beschleunigen.

Übung 54

a) 1. Huhn, 2. Spatzen, 3. Eulen, 4. Schwalbe, 5. Spatz/Taube, 6. Tauben, 7. Hahn, 8. Hühnchen.
b) 1. Manchmal hat auch derjenige, der sonst auf einem bestimmten Gebiet keine Kenntnisse, kein Wissen hat, einen guten Einfall o.ä.
2. Das ist schon längst kein Geheimnis mehr.
3. Etwas Bestimmtes als Gabe o.ä. dorthin bringen, wo davon schon reichlich vorhanden ist, z.B. Wasser ins Meer tragen.
4. Ein einzelnes günstiges Anzeichen berechtigt noch nicht zu grundsätzlich positiven Erwartungen.
5. Es ist besser, sich mit dem (wenigen), was man fest in Besitz hat, zu begnügen, als es für etwas aufzugeben, was zwar besser, wertvoller o.ä. ist, von dem man aber nicht weiß, ob man es überhaupt erlangen wird.

6. Der Erfolg erfordert auch entsprechende Anstrengung, es fällt einem nichts in den Schoß.
7. Als Mann ist er in einem überwiegend aus Frauen bestehenden Kreis der (umschwärmte) Mittelpunkt.
8. Mit ihr habe ich noch etwas zu bereinigen.

LITERATUR

Agricola, Chr. und E.: Wörter und Gegenwörter, Leipzig 1982

Caro, Nina: Raten Sie mal, Stuttgart 1984

Deutsch als Fremdsprache, Leipzig, Jahrgänge 1984 ff.

Duden, Band 1, Rechtschreibung der deutschen Sprache und der Fremdwörter, 19. Aufl., Mannheim/Wien/Zürich 1986

Duden, Band 7, Etymologie (Herkunftswörterbuch der deutschen Sprache), Mannheim/Wien/Zürich 1963

Duden, Band 8, Sinn- und sachverwandte Wörter, Mannheim/Wien/Zürich 1986

Duden, Band 9, Richtiges und gutes Deutsch, 3. Aufl., Mannheim/Wien/Zürich 1985

Duden, Band 10, Bedeutungswörterbuch, Wortbildung und Wortschatz, 2. Aufl., Mannheim/Wien/Zürich 1985

Duden – Das große Wörterbuch der deutschen Sprache in 6 Bänden, Mannheim/Wien/Zürich 1976–81

Duden – Deutsches Universalwörterbuch, Mannheim/Wien/Zürich 1983

Erk, Heinrich: Thesen zur Wortbildung (Grundlagen, Prinzipien, Verfahren); in der Reihe „Materialien Deutsch als Fremdsprache", Lexik im Fremdsprachenunterricht, Heft 24, Regensburg 1985

Fleischer, Wolfgang: Wortbildung der deutschen Gegenwartssprache, Leipzig 1983

Forstreuter/Egerer-Möslein: Die Präpositionen, Leipzig 1980

Hallwass, Edith: Deutsch müßte man können, Bad Wörishofen 1986

Kühn, Peter: Mit dem Wörterbuch arbeiten, Bonn 1987

Müller, Wolfgang: Leicht verwechselbare Wörter, Duden-Taschenbücher, Band 17, Mannheim/Wien/Zürich 1973

Schneider, Wolf: Deutsch für Profis, Hamburg 1982

Schülerduden – Rechtschreibung und Wortkunde, 3. Aufl., Mannheim/Wien/Zürich 1984

Schülerduden – Die richtige Wortwahl. Ein vergleichendes Wörterbuch sinnverwandter Ausdrücke, Mannheim/Wien/Zürich 1977

Stepanowa/Fleischer: Grundzüge der deutschen Wortbildung, Leipzig 1985

REGISTER

Ableitung aus Adjektiven 133

Adjektive s. Ableitung aus Adjektiven

Antonyme s. Gegenwörter

Begriffe, die zusammengehören 143

Einzahlbildungen s. Singularsuffixe

Gegenwörter (Antonyme) 45

Halbpräfixe (Präfixoide) 92

Halbsuffixe (Suffixoide) 120

Homonyme s. Wörter, die gleich klingen

In übertragener Bedeutung gebrauchte Wörter 221

Leicht verwechselbare Wörter 208

Mehrzahlbildungen s. Pluralsuffixe

Nachsilben (Suffixe) 120

Phraseologismen 228

Pluralsuffixe 135

Präfixe s. Vorsilben

Präfixoide s. Halbpräfixe

Präpositionen 75

Singularsuffixe 135

Sinnähnliche Wörter (Synonyme) 11

Suffixe s. Nachsilben

Suffixoide s. Halbsuffixe

Synonyme s. Sinnähnliche Wörter

Übertragen gebrauchte Wörter s. In übertragener Bedeutung gebrauchte Wörter

Unterschiedliche Bedeutungen von Wörtern s. Wörter mit unterschiedlichen Bedeutungen

Vorsilben (Präfixe) 92

Wortbedeutungen s. Wörter und ihre Bedeutungen

Wortbildung 89

Wörter, die gleich klingen (Homonyme) 207

Wörter, die zusammengehören 170

Wörter mit unterschiedlichen Bedeutungen 195

Wörter und ihre Bedeutungen 193

Zusammengesetzte Wörter 177

SCHÜLERDUDEN

gut, daß es so viele gibt!

Keiner ist wie der andere ...

Jeder stellt andere Ansprüche, setzt andere Schwerpunkte, hat andere Interessen, aber auch andere Fragen, Probleme und Lücken. Weil aber nur weiterkommt, wer Antwort auf seine Fragen findet: SCHÜLERDUDEN bringen die breite Palette des Schulwissens sprichwörtlich in die richtige Reihe.

Rechtschreibung und Wortkunde · Grammatik · Wortgeschichte · Bedeutungswörterbuch · Fremdwörterbuch · Die richtige Wortwahl · Lateinisch-Deutsch · Die Kunst · Die Musik · Die Literatur · Die Chemie · Die Ökologie · Die Pflanzen · Die Biologie · Die Tiere · Die Physik · Die Geographie · Die Geschichte · Politik und Gesellschaft · Die Wirtschaft · Die Religionen · Die Philosophie · Die Psychologie · Die Pädagogik · Die Informatik · Die Mathematik I · Die Mathematik II · Die Astronomie · Das Wissen von A bis Z.

DUDENVERLAG
Mannheim · Leipzig · Wien · Zürich

DAMIT HABEN KIDS DIE NASE VORN!

Nicht alles, was man in der Schule schon gelernt hat, weiß man auch auf Dauer. Und erst recht lernt man in der Schule nicht alles, was man als Schüler wissen will. Da ist es gut, ein kleines Stück Unabhängigkeit von Lehrern und Eltern zu haben. Das DUDEN-Schülerlexikon gibt fundierte Antworten auf all das, was Jugendliche wissen wollen. Auf 792 Seiten hält dieser Band in rund 10 000 verständlich geschriebenen Artikeln ein vielfältiges und zeitnahes Wissensspektrum bereit, das sich durch eine schülergerechte Themenauswahl auszeichnet. Zusätzlich werden in 40 Sonderartikeln herausragende Themen wie z.B. Computer, Drogen, Sexualität und Umweltschutz behandelt.

DUDENVERLAG
Mannheim · Leipzig · Wien · Zürich